Published by:
Ulysses Press
P.O. Box 3440
Berkeley, CA 94703
www.ulyssespress.com

ISBN: 978-1-61243-936-5
Library of Congress Catalog Number: 2019924147

Printed in the United States by Kingery Printing Company
3 5 7 9 10 8 6 4

Acquisitions editor: Bridget Thoreson
Production: Jake Flaherty
Front cover design: what!design @ whatweb.com

How to Use This Logbook

A. Record the date and time of the notary service.

B. Record the location of the notary service.

C. Record any fee being charged for the notarization, including any additional fee for travel.

D. Check the box for the notary service being performed. If the notary service is not listed, check the box for "Other" and record the service being performed on the provided line.

E. Record the type of document being notarized (for example, deed, affidavit, title, power of attorney, etc.), and record the date indicated on the document.

F. Check the box for individual or credible witness to indicate whose information is being recorded throughout this section (see G and H below).

G. Record right thumb print impression of the individual seeking notary service or credible witness as previously indicated (see F). NOTE: Make sure to follow your state's laws and only record a thumbprint when appropriate.

H. Check the box for the type of ID being used by the individual seeking notary service or credible witness as previously indicated (see F). If the ID type being used is not listed, check the box for "Other" and record the type

of ID on the provided line. Also, record the ID number, who issued it, when it was issued, and when it expires.

I. Print the name, address, and phone (or email) of the individual seeking notary service.

J. Have the individual seeking notary service sign in this box.

K. Print the name, address, and phone (or email) of the credible witness, if one is being used.

L. Have the credible witness sign in this box, if one is being used.

Notary Public Logbook Entry # 1		Individual
Date & Time: ___ / ___ ___ : ___ am/pm **A**		Name: (print)
Place: **B**	Fee: $ ___ Travel: ___ **C**	Address: **I**
Service		Phone: (or email)
☐ Jurat ☐ Acknowledgment **D** ☐ Certification ☐ Oath/Affirmation ☐ Other ___		Signature: **J**
Document type: ___ **E** Document date: ___ / ___ / ___		
Identification		**Witness**
☐ Individual **F** ☐ Driver's License ☐ Passport ☐ Credible Wi... ☐ Known Personally ☐ I.D. Card Thumb Print ☐ Other ___ ID#: ___ **H** **G** Issued by: ___ Issued on: ___ / ___ / ___ Expires on: ___ / ___ / ___		Name: (print) Address: **K** Phone: (or email) Signature: **L**

Notary Public Logbook Entry # 1

Date & Time: _____ / _____ / _____   _____ : _____ am/pm

Place:

Fee: $ _____

Travel: _____

Service

☐ Jurat   ☐ Acknowledgment

☐ Certification ☐ Oath/Affirmation

☐ Other _____

Document type: _____

Document date: _____ / _____ / _____

Identification

☐ Individual   ☐ Driver's License   ☐ Passport

☐ Credible Witness ☐ Known Personally   ☐ ID Card

Thumb Print

☐ Other _____

ID#: _____

Issued by: _____

Issued on: _____ / _____ / _____

Expires on: _____ / _____ / _____

Individual

Name:
(print)

Address:

Phone:
(or email)

Signature:

Witness

Name:
(print)

Address:

Phone:
(or email)

Signature:

Notary Public Logbook Entry # 2

Date & Time: _____ / _____ / _____   _____ : _____ am/pm

Place:

Fee: $ _____

Travel: _____

Service

☐ Jurat   ☐ Acknowledgment

☐ Certification ☐ Oath/Affirmation

☐ Other _____

Document type: _____

Document date: _____ / _____ / _____

Identification

☐ Individual   ☐ Driver's License ☐ Passport

☐ Credible Witness ☐ Known Personally ☐ ID Card

Thumb Print

☐ Other _____

ID#: _____

Issued by: _____

Issued on: _____ / _____ / _____

Expires on: _____ / _____ / _____

Individual

Name:
(print)

Address:

Phone:
(or email)

Signature:

Witness

Name:
(print)

Address:

Phone:
(or email)

Signature:

Notary Public Logbook Entry # 3

Date & Time: _____ / _____ / _____ _____ : _____ am/pm

Place:

Fee: $ _____

Travel: _____

Service

☐ Jurat ☐ Acknowledgment

☐ Certification ☐ Oath/Affirmation

☐ Other _____

Document type: _____

Document date: _____ / _____ / _____

Identification

☐ Individual

☐ Credible Witness

Thumb Print

☐ Driver's License ☐ Passport

☐ Known Personally ☐ ID Card

☐ Other _____

ID#: _____

Issued by: _____

Issued on: _____ / _____ / _____

Expires on: _____ / _____ / _____

Individual

Name:
(print)

Address:

Phone:
(or email)

Signature:

Witness

Name:
(print)

Address:

Phone:
(or email)

Signature:

Notary Public Logbook Entry # 4

Date & Time: _____ / _____ / _____   _____ : _____ am/pm

Place:

Fee: $ _____

Travel: _____

Service

☐ Jurat   ☐ Acknowledgment

☐ Certification   ☐ Oath/Affirmation

☐ Other _____

Document type: _____

Document date: _____ / _____ / _____

Identification

☐ Individual   ☐ Driver's License   ☐ Passport

☐ Credible Witness   ☐ Known Personally   ☐ ID Card

Thumb Print   ☐ Other _____

ID#: _____

Issued by: _____

Issued on: _____ / _____ / _____

Expires on: _____ / _____ / _____

Individual

Name:
(print)

Address:

Phone:
(or email)

Signature:

Witness

Name:
(print)

Address:

Phone:
(or email)

Signature:

Notary Public Logbook Entry # 5

Date & Time: _____ / _____ / _____   _____ : _____ am/pm

Place:

Fee: $ _____

Travel: _____

Service

☐ Jurat   ☐ Acknowledgment

☐ Certification ☐ Oath/Affirmation

☐ Other _____

Document type: _____

Document date: _____ / _____ / _____

Identification

☐ Individual
☐ Credible Witness

Thumb Print

☐ Driver's License ☐ Passport
☐ Known Personally ☐ ID Card

☐ Other _____

ID#: _____

Issued by: _____

Issued on: _____ / _____ / _____

Expires on: _____ / _____ / _____

Individual

Name:
(print)

Address:

Phone:
(or email)

Signature:

Witness

Name:
(print)

Address:

Phone:
(or email)

Signature:

Notary Public Logbook Entry # 6

Date & Time: _____ / _____ / _____ _____ : _____ am/pm

Place:

Fee: $ _____

Travel: _____

Service

- ☐ Jurat
- ☐ Acknowledgment
- ☐ Certification
- ☐ Oath/Affirmation
- ☐ Other _____

Document type: _____

Document date: _____ / _____ / _____

Identification

- ☐ Individual
- ☐ Credible Witness

Thumb Print

- ☐ Driver's License
- ☐ Passport
- ☐ Known Personally
- ☐ ID Card
- ☐ Other _____

ID#: _____

Issued by: _____

Issued on: _____ / _____ / _____

Expires on: _____ / _____ / _____

Individual

Name:
(print)

Address:

Phone:
(or email)

Signature:

Witness

Name:
(print)

Address:

Phone:
(or email)

Signature:

Notary Public Logbook Entry # 7

Date & Time: _____ / _____ / _____   _____ : _____ am/pm

Place:

Fee: $ _____

Travel: _____

Service

☐ Jurat　　　　　　☐ Acknowledgment

☐ Certification　　　☐ Oath/Affirmation

☐ Other _____

Document type: _____

Document date: _____ / _____ / _____

Identification

☐ Individual

☐ Credible Witness

Thumb Print

☐ Driver's License　☐ Passport

☐ Known Personally　☐ ID Card

☐ Other _____

ID#: _____

Issued by: _____

Issued on: _____ / _____ / _____

Expires on: _____ / _____ / _____

Individual

Name:
(print)

Address:

Phone:
(or email)

Signature:

Witness

Name:
(print)

Address:

Phone:
(or email)

Signature:

Notary Public Logbook Entry # 8

Date & Time: _____ / _____ / _____   _____ : _____ am/pm

Place:

Fee: $ _____

Travel: _____

Service

- [ ] Jurat
- [ ] Certification
- [ ] Acknowledgment
- [ ] Oath/Affirmation
- [ ] Other _____

Document type: _____

Document date: _____ / _____ / _____

Identification

- [ ] Individual
- [ ] Credible Witness

Thumb Print

- [ ] Driver's License
- [ ] Known Personally
- [ ] Passport
- [ ] ID Card
- [ ] Other _____

ID#: _____

Issued by: _____

Issued on: _____ / _____ / _____

Expires on: _____ / _____ / _____

Individual

Name:
(print)

Address:

Phone:
(or email)

Signature:

Witness

Name:
(print)

Address:

Phone:
(or email)

Signature:

Notary Public Logbook Entry # 9

Date & Time: _____ / _____ / _____   _____ : _____ am/pm

Place:

Fee: $ _____

Travel: _____

Service

☐ Jurat   ☐ Acknowledgment
☐ Certification ☐ Oath/Affirmation
☐ Other _____

Document type: _____

Document date: _____ / _____ / _____

Identification

☐ Individual
☐ Credible Witness

Thumb Print

☐ Driver's License ☐ Passport
☐ Known Personally ☐ ID Card

☐ Other _____

ID#: _____

Issued by: _____

Issued on: _____ / _____ / _____

Expires on: _____ / _____ / _____

Individual

Name:
(print)

Address:

Phone:
(or email)

Signature:

Witness

Name:
(print)

Address:

Phone:
(or email)

Signature:

Notary Public Logbook Entry # 10

Date & Time: _____ / _____ / _____ _____ : _____ am/pm

Place:

Fee: $ _____

Travel: _____

Service

☐ Jurat   ☐ Acknowledgment

☐ Certification   ☐ Oath/Affirmation

☐ Other _____

Document type: _____

Document date: _____ / _____ / _____

Identification

☐ Individual   ☐ Driver's License   ☐ Passport

☐ Credible Witness   ☐ Known Personally   ☐ ID Card

Thumb Print

☐ Other _____

ID#: _____

Issued by: _____

Issued on: _____ / _____ / _____

Expires on: _____ / _____ / _____

Individual

Name:
(print)

Address:

Phone:
(or email)

Signature:

Witness

Name:
(print)

Address:

Phone:
(or email)

Signature:

Notary Public Logbook Entry # 11

Date & Time: _____ / _____ / _____   _____ : _____ am/pm

Place: _____ Fee: $ _____

Travel: _____

Service

☐ Jurat ☐ Acknowledgment

☐ Certification ☐ Oath/Affirmation

☐ Other _____

Document type: _____

Document date: _____ / _____ / _____

Identification

☐ Individual ☐ Driver's License ☐ Passport

☐ Credible Witness ☐ Known Personally ☐ ID Card

Thumb Print ☐ Other _____

ID#: _____

Issued by: _____

Issued on: _____ / _____ / _____

Expires on: _____ / _____ / _____

Individual

Name:
(print)

Address:

Phone:
(or email)

Signature:

Witness

Name:
(print)

Address:

Phone:
(or email)

Signature:

Notary Public Logbook Entry # 12

Date & Time: _____ / _____ / _____   _____ : _____ am/pm

Place:

Fee: $ _____

Travel: _____

Service

- [ ] Jurat
- [ ] Acknowledgment
- [ ] Certification
- [ ] Oath/Affirmation
- [ ] Other _____

Document type: _____

Document date: _____ / _____ / _____

Identification

- [ ] Individual
- [ ] Credible Witness

- [ ] Driver's License
- [ ] Passport
- [ ] Known Personally
- [ ] ID Card

Thumb Print

- [ ] Other _____

ID#: _____

Issued by: _____

Issued on: _____ / _____ / _____

Expires on: _____ / _____ / _____

Individual

Name:
(print)

Address:

Phone:
(or email)

Signature:

Witness

Name:
(print)

Address:

Phone:
(or email)

Signature:

Notary Public Logbook Entry # 13

Date & Time: _____ / _____ / _____ _____ : _____ am/pm

| Place: | Fee: $ _____ |
| | Travel: _____ |

Service

☐ Jurat   ☐ Acknowledgment

☐ Certification   ☐ Oath/Affirmation

☐ Other _____

Document type: _____

Document date: _____ / _____ / _____

Identification

☐ Individual

☐ Credible Witness

    Thumb Print

☐ Driver's License   ☐ Passport

☐ Known Personally   ☐ ID Card

☐ Other _____

ID#: _____

Issued by: _____

Issued on: _____ / _____ / _____

Expires on: _____ / _____ / _____

Individual

Name:
(print)

Address:

Phone:
(or email)

Signature:

Witness

Name:
(print)

Address:

Phone:
(or email)

Signature:

Notary Public Logbook Entry # 14

Date & Time: _____ / _____ / _____ _____ : _____ am/pm

Place:

Fee: $ _____

Travel: _____

Service

☐ Jurat ☐ Acknowledgment

☐ Certification ☐ Oath/Affirmation

☐ Other _____

Document type: _____

Document date: _____ / _____ / _____

Identification

☐ Individual

☐ Credible Witness

Thumb Print

☐ Driver's License ☐ Passport

☐ Known Personally ☐ ID Card

☐ Other _____

ID#: _____

Issued by: _____

Issued on: _____ / _____ / _____

Expires on: _____ / _____ / _____

Individual

Name:
(print)

Address:

Phone:
(or email)

Signature:

Witness

Name:
(print)

Address:

Phone:
(or email)

Signature:

Notary Public Logbook Entry # 15

Date & Time: _____ / _____ / _____ _____ : _____ am/pm

Place:

Fee: $ _____

Travel: _____

Service

☐ Jurat   ☐ Acknowledgment

☐ Certification   ☐ Oath/Affirmation

☐ Other _____

Document type: _____

Document date: _____ / _____ / _____

Identification

☐ Individual

☐ Credible Witness

    Thumb Print

☐ Driver's License   ☐ Passport

☐ Known Personally   ☐ ID Card

☐ Other _____

ID#: _____

Issued by: _____

Issued on: _____ / _____ / _____

Expires on: _____ / _____ / _____

Individual

Name: (print)

Address:

Phone: (or email)

Signature:

Witness

Name: (print)

Address:

Phone: (or email)

Signature:

Notary Public Logbook Entry # 16

Date & Time: _____ / _____ / _____   _____ : _____ am/pm

Place:

Fee: $ _____

Travel: _____

Service

- [ ] Jurat
- [ ] Certification
- [ ] Acknowledgment
- [ ] Oath/Affirmation
- [ ] Other _____

Document type: _____

Document date: _____ / _____ / _____

Identification

- [ ] Individual
- [ ] Credible Witness

Thumb Print

- [ ] Driver's License
- [ ] Known Personally
- [ ] Passport
- [ ] ID Card
- [ ] Other _____

ID#: _____

Issued by: _____

Issued on: _____ / _____ / _____

Expires on: _____ / _____ / _____

Individual

Name:
(print)

Address:

Phone:
(or email)

Signature:

Witness

Name:
(print)

Address:

Phone:
(or email)

Signature:

Notary Public Logbook Entry # 17

Date & Time: _____ / _____ / _____ _____ : _____ am/pm

Place:

Fee: $ _____

Travel: _____

Service

☐ Jurat   ☐ Acknowledgment

☐ Certification   ☐ Oath/Affirmation

☐ Other _____

Document type: _____

Document date: _____ / _____ / _____

Individual

Name:
(print)

Address:

Phone:
(or email)

Signature:

Identification

☐ Individual

☐ Credible Witness

Thumb Print

☐ Driver's License   ☐ Passport

☐ Known Personally   ☐ ID Card

☐ Other _____

ID#: _____

Issued by: _____

Issued on: _____ / _____ / _____

Expires on: _____ / _____ / _____

Witness

Name:
(print)

Address:

Phone:
(or email)

Signature:

Notary Public Logbook Entry # 18

Date & Time: _____ / _____ / _____ _____ : _____ am/pm

Place:

Fee: $ _____

Travel: _____

Service

- [ ] Jurat
- [ ] Certification
- [ ] Acknowledgment
- [ ] Oath/Affirmation
- [ ] Other _____

Document type: _____

Document date: _____ / _____ / _____

Identification

- [ ] Individual
- [ ] Credible Witness

- [ ] Driver's License
- [ ] Known Personally
- [ ] Passport
- [ ] ID Card
- [ ] Other _____

Thumb Print

ID#: _____

Issued by: _____

Issued on: _____ / _____ / _____

Expires on: _____ / _____ / _____

Individual

Name:
(print)

Address:

Phone:
(or email)

Signature:

Witness

Name:
(print)

Address:

Phone:
(or email)

Signature:

Notary Public Logbook Entry # 19

Date & Time: _____ / _____ / _____   _____ : _____ am/pm

Place:

Fee: $ _____

Travel: _____

Service

☐ Jurat   ☐ Acknowledgment

☐ Certification ☐ Oath/Affirmation

☐ Other _____

Document type: _____

Document date: _____ / _____ / _____

Identification

☐ Individual   ☐ Driver's License ☐ Passport

☐ Credible Witness   ☐ Known Personally ☐ ID Card

Thumb Print

☐ Other _____

ID#: _____

Issued by: _____

Issued on: _____ / _____ / _____

Expires on: _____ / _____ / _____

Individual

Name:
(print)

Address:

Phone:
(or email)

Signature:

Witness

Name:
(print)

Address:

Phone:
(or email)

Signature:

Notary Public Logbook Entry # 20

Date & Time: _____ / _____ / _____   _____ : _____ am/pm

Place:

Fee: $ _____

Travel: _____

Service

☐ Jurat   ☐ Acknowledgment

☐ Certification   ☐ Oath/Affirmation

☐ Other _____

Document type: _____

Document date: _____ / _____ / _____

Identification

☐ Individual   ☐ Driver's License   ☐ Passport

☐ Credible Witness   ☐ Known Personally   ☐ ID Card

Thumb Print

☐ Other _____

ID#: _____

Issued by: _____

Issued on: _____ / _____ / _____

Expires on: _____ / _____ / _____

Individual

Name:
(print)

Address:

Phone:
(or email)

Signature:

Witness

Name:
(print)

Address:

Phone:
(or email)

Signature:

Notary Public Logbook Entry # 21

Date & Time: _____ / _____ / _____   _____ : _____ am/pm

Place:

Fee: $ _____

Travel: _____

Service

- [ ] Jurat
- [ ] Certification
- [ ] Acknowledgment
- [ ] Oath/Affirmation
- [ ] Other _____

Document type: _____

Document date: _____ / _____ / _____

Identification

- [ ] Individual
- [ ] Credible Witness

- [ ] Driver's License
- [ ] Passport
- [ ] Known Personally
- [ ] ID Card
- [ ] Other _____

Thumb Print

ID#: _____

Issued by: _____

Issued on: _____ / _____ / _____

Expires on: _____ / _____ / _____

Individual

Name:
(print)

Address:

Phone:
(or email)

Signature:

Witness

Name:
(print)

Address:

Phone:
(or email)

Signature:

Notary Public Logbook Entry # 22

Date & Time: _____ / _____ / _____ _____ : _____ am/pm

Place: | Fee: $ _____
| Travel: _____

Service

- [ ] Jurat
- [ ] Acknowledgment
- [ ] Certification
- [ ] Oath/Affirmation
- [ ] Other _____

Document type: _____

Document date: _____ / _____ / _____

Identification

- [ ] Individual
- [ ] Credible Witness

Thumb Print

- [ ] Driver's License
- [ ] Passport
- [ ] Known Personally
- [ ] ID Card
- [ ] Other _____

ID#: _____

Issued by: _____

Issued on: _____ / _____ / _____

Expires on: _____ / _____ / _____

Individual

Name: (print)

Address:

Phone: (or email)

Signature:

Witness

Name: (print)

Address:

Phone: (or email)

Signature:

Notary Public Logbook Entry # 23

Date & Time: _____ / _____ / _____   _____ : _____ am/pm

Place:

Fee: $ _____

Travel: _____

Service

☐ Jurat ☐ Acknowledgment

☐ Certification ☐ Oath/Affirmation

☐ Other _____

Document type: _____

Document date: _____ / _____ / _____

Identification

☐ Individual ☐ Driver's License ☐ Passport

☐ Credible Witness ☐ Known Personally ☐ ID Card

Thumb Print

☐ Other _____

ID#: _____

Issued by: _____

Issued on: _____ / _____ / _____

Expires on: _____ / _____ / _____

Individual

Name:
(print)

Address:

Phone:
(or email)

Signature:

Witness

Name:
(print)

Address:

Phone:
(or email)

Signature:

Notary Public Logbook Entry # 24

Date & Time: _____ / _____ / _____   _____ : _____ am/pm

Place:

Fee: $ _____

Travel: _____

Service

- [ ] Jurat
- [ ] Certification
- [ ] Acknowledgment
- [ ] Oath/Affirmation
- [ ] Other _____

Document type: _____

Document date: _____ / _____ / _____

Identification

- [ ] Individual
- [ ] Credible Witness

Thumb Print

- [ ] Driver's License
- [ ] Known Personally
- [ ] Passport
- [ ] ID Card
- [ ] Other _____

ID#: _____

Issued by: _____

Issued on: _____ / _____ / _____

Expires on: _____ / _____ / _____

, Individual

Name:
(print)

Address:

Phone:
(or email)

Signature:

Witness

Name:
(print)

Address:

Phone:
(or email)

Signature:

Notary Public Logbook Entry # 25

Date & Time: _____ / _____ / _____   _____ : _____ am/pm

Place:

Fee: $ _____

Travel: _____

Service

☐ Jurat ☐ Acknowledgment

☐ Certification ☐ Oath/Affirmation

☐ Other _____

Document type: _____

Document date: _____ / _____ / _____

Identification

☐ Individual

☐ Credible Witness

Thumb Print

☐ Driver's License ☐ Passport

☐ Known Personally ☐ ID Card

☐ Other _____

ID#: _____

Issued by: _____

Issued on: _____ / _____ / _____

Expires on: _____ / _____ / _____

Individual

Name:
(print)

Address:

Phone:
(or email)

Signature:

Witness

Name:
(print)

Address:

Phone:
(or email)

Signature:

Notary Public Logbook Entry # 26

Date & Time: _____ / _____ / _____   _____ : _____ am/pm

Place:

Fee: $ _____

Travel: _____

Service

☐ Jurat   ☐ Acknowledgment

☐ Certification   ☐ Oath/Affirmation

☐ Other _____

Document type: _____

Document date: _____ / _____ / _____

Identification

☐ Individual   ☐ Driver's License   ☐ Passport

☐ Credible Witness   ☐ Known Personally   ☐ ID Card

Thumb Print

☐ Other _____

ID#: _____

Issued by: _____

Issued on: _____ / _____ / _____

Expires on: _____ / _____ / _____

Individual

Name:
(print)

Address:

Phone:
(or email)

Signature:

Witness

Name:
(print)

Address:

Phone:
(or email)

Signature:

Notary Public Logbook Entry # 27

Date & Time: _____ / _____ / _____   _____ : _____ am/pm

Place:

Fee: $ _____

Travel: _____

Service

☐ Jurat   ☐ Acknowledgment

☐ Certification ☐ Oath/Affirmation

☐ Other _____

Document type: _____

Document date: _____ / _____ / _____

Identification

☐ Individual
☐ Credible Witness

☐ Driver's License   ☐ Passport
☐ Known Personally   ☐ ID Card

☐ Other _____

Thumb Print

ID#: _____

Issued by: _____

Issued on: _____ / _____ / _____

Expires on: _____ / _____ / _____

Individual

Name:
(print)

Address:

Phone:
(or email)

Signature:

Witness

Name:
(print)

Address:

Phone:
(or email)

Signature:

Notary Public Logbook Entry # 28

Date & Time: _____ / _____ / _____ _____ : _____ am/pm

Place: _____

Fee: $ _____

Travel: _____

Service

☐ Jurat ☐ Acknowledgment

☐ Certification ☐ Oath/Affirmation

☐ Other _____

Document type: _____

Document date: _____ / _____ / _____

Identification

☐ Individual ☐ Driver's License ☐ Passport

☐ Credible Witness ☐ Known Personally ☐ ID Card

Thumb Print

☐ Other _____

ID#: _____

Issued by: _____

Issued on: _____ / _____ / _____

Expires on: _____ / _____ / _____

Individual

Name:
(print)

Address:

Phone:
(or email)

Signature:

Witness

Name:
(print)

Address:

Phone:
(or email)

Signature:

Notary Public Logbook Entry # 29

Date & Time: _____ / _____ / _____ _____ : _____ am/pm

Place:

Fee: $ _____

Travel: _____

Service

- [ ] Jurat
- [ ] Certification
- [ ] Acknowledgment
- [ ] Oath/Affirmation
- [ ] Other _____

Document type: _____

Document date: _____ / _____ / _____

Identification

- [ ] Individual
- [ ] Credible Witness

- [ ] Driver's License
- [ ] Passport
- [ ] Known Personally
- [ ] ID Card

Thumb Print

- [ ] Other _____

ID#: _____

Issued by: _____

Issued on: _____ / _____ / _____

Expires on: _____ / _____ / _____

Individual

Name:
(print)

Address:

Phone:
(or email)

Signature:

Witness

Name:
(print)

Address:

Phone:
(or email)

Signature:

Notary Public Logbook Entry # 30

Date & Time: _____ / _____ / _____   _____ : _____ am/pm

Place:

Fee: $ _____

Travel: _____

Service

☐ Jurat   ☐ Acknowledgment

☐ Certification ☐ Oath/Affirmation

☐ Other _____

Document type: _____

Document date: _____ / _____ / _____

Identification

☐ Individual   ☐ Driver's License ☐ Passport

☐ Credible Witness   ☐ Known Personally ☐ ID Card

Thumb Print

☐ Other _____

ID#: _____

Issued by: _____

Issued on: _____ / _____ / _____

Expires on: _____ / _____ / _____

Individual

Name:
(print)

Address:

Phone:
(or email)

Signature:

Witness

Name:
(print)

Address:

Phone:
(or email)

Signature:

Notary Public Logbook Entry # 31

Date & Time: _____ / _____ / _____   _____ : _____ am/pm

Place:

Fee: $ _____

Travel: _____

Service

- [ ] Jurat
- [ ] Certification
- [ ] Acknowledgment
- [ ] Oath/Affirmation
- [ ] Other _____

Document type: _____

Document date: _____ / _____ / _____

Identification

- [ ] Individual
- [ ] Credible Witness

Thumb Print

- [ ] Driver's License
- [ ] Known Personally
- [ ] Passport
- [ ] ID Card
- [ ] Other _____

ID#: _____

Issued by: _____

Issued on: _____ / _____ / _____

Expires on: _____ / _____ / _____

Individual

Name:
(print)

Address:

Phone:
(or email)

Signature:

Witness

Name:
(print)

Address:

Phone:
(or email)

Signature:

Notary Public Logbook Entry # 32

Date & Time: _____ / _____ / _____   _____ : _____ am/pm

Place:

Fee: $ _____

Travel: _____

Service

☐ Jurat ☐ Acknowledgment

☐ Certification ☐ Oath/Affirmation

☐ Other _____

Document type: _____

Document date: _____ / _____ / _____

Identification

☐ Individual
☐ Credible Witness

Thumb Print

☐ Driver's License ☐ Passport

☐ Known Personally ☐ ID Card

☐ Other _____

ID#: _____

Issued by: _____

Issued on: _____ / _____ / _____

Expires on: _____ / _____ / _____

Individual

Name:
(print)

Address:

Phone:
(or email)

Signature:

Witness

Name:
(print)

Address:

Phone:
(or email)

Signature:

Notary Public Logbook Entry # 33

Date & Time: _____ / _____ / _____ _____ : _____ am/pm

Place:

Fee: $ _____

Travel: _____

Service

- [ ] Jurat
- [ ] Certification
- [ ] Acknowledgment
- [ ] Oath/Affirmation
- [ ] Other _____

Document type: _____

Document date: _____ / _____ / _____

Identification

- [ ] Individual
- [ ] Credible Witness

Thumb Print

- [ ] Driver's License
- [ ] Known Personally
- [ ] Passport
- [ ] ID Card
- [ ] Other _____

ID#: _____

Issued by: _____

Issued on: _____ / _____ / _____

Expires on: _____ / _____ / _____

Individual

Name:
(print)

Address:

Phone:
(or email)

Signature:

Witness

Name:
(print)

Address:

Phone:
(or email)

Signature:

Notary Public Logbook Entry # 34

Date & Time: _____ / _____ / _____   _____ : _____ am/pm

| Place: | Fee: $ _____ |
| | Travel: _____ |

Service

- [ ] Jurat
- [ ] Acknowledgment
- [ ] Certification
- [ ] Oath/Affirmation
- [ ] Other _____

Document type: _____

Document date: _____ / _____ / _____

Identification

- [ ] Individual
- [ ] Credible Witness

Thumb Print

- [ ] Driver's License
- [ ] Passport
- [ ] Known Personally
- [ ] ID Card
- [ ] Other _____

ID#: _____

Issued by: _____

Issued on: _____ / _____ / _____

Expires on: _____ / _____ / _____

Individual

Name:
(print)

Address:

Phone:
(or email)

Signature:

Witness

Name:
(print)

Address:

Phone:
(or email)

Signature:

Notary Public Logbook Entry # 35

Date & Time: _____ / _____ / _____   _____ : _____ am/pm

Place:

Fee: $ _____

Travel: _____

Service

☐ Jurat   ☐ Acknowledgment

☐ Certification   ☐ Oath/Affirmation

☐ Other _____

Document type: _____

Document date: _____ / _____ / _____

Identification

☐ Individual   ☐ Driver's License   ☐ Passport

☐ Credible Witness   ☐ Known Personally   ☐ ID Card

Thumb Print

☐ Other _____

ID#: _____

Issued by: _____

Issued on: _____ / _____ / _____

Expires on: _____ / _____ / _____

Individual

Name:
(print)

Address:

Phone:
(or email)

Signature:

Witness

Name:
(print)

Address:

Phone:
(or email)

Signature:

Notary Public Logbook Entry # 36

Date & Time: _____ / _____ / _____   _____ : _____ am/pm

Place:

Fee: $ _____

Travel: _____

Service

☐ Jurat   ☐ Acknowledgment

☐ Certification ☐ Oath/Affirmation

☐ Other _____

Document type: _____

Document date: _____ / _____ / _____

Identification

☐ Individual   ☐ Driver's License ☐ Passport

☐ Credible Witness   ☐ Known Personally ☐ ID Card

Thumb Print

☐ Other _____

ID#: _____

Issued by: _____

Issued on: _____ / _____ / _____

Expires on: _____ / _____ / _____

Individual

Name:
(print)

Address:

Phone:
(or email)

Signature:

Witness

Name:
(print)

Address:

Phone:
(or email)

Signature:

Notary Public Logbook Entry # 37

Date & Time: _____ / _____ / _____   _____ : _____ am/pm

Place:

Fee: $ _____

Travel: _____

Service

☐ Jurat   ☐ Acknowledgment

☐ Certification ☐ Oath/Affirmation

☐ Other _____

Document type: _____

Document date: _____ / _____ / _____

Identification

☐ Individual   ☐ Driver's License   ☐ Passport

☐ Credible Witness ☐ Known Personally   ☐ ID Card

Thumb Print

☐ Other _____

ID#: _____

Issued by: _____

Issued on: _____ / _____ / _____

Expires on: _____ / _____ / _____

Individual

Name:
(print)

Address:

Phone:
(or email)

Signature:

Witness

Name:
(print)

Address:

Phone:
(or email)

Signature:

Notary Public Logbook Entry # 38

Date & Time: _____ / _____ / _____   _____ : _____ am/pm

Place:

Fee: $ _____

Travel: _____

Service

- [ ] Jurat
- [ ] Certification
- [ ] Other _____
- [ ] Acknowledgment
- [ ] Oath/Affirmation

Document type: _____

Document date: _____ / _____ / _____

Individual

Name:
(print)

Address:

Phone:
(or email)

Signature:

Identification

- [ ] Individual
- [ ] Credible Witness
- [ ] Driver's License
- [ ] Known Personally
- [ ] Passport
- [ ] ID Card
- [ ] Other _____

Thumb Print

ID#: _____

Issued by: _____

Issued on: _____ / _____ / _____

Expires on: _____ / _____ / _____

Witness

Name:
(print)

Address:

Phone:
(or email)

Signature:

Notary Public Logbook Entry # 39

Date & Time: _____ / _____ / _____   _____ : _____ am/pm

Place: | Fee: $ _____
       | Travel: _____

Service

☐ Jurat   ☐ Acknowledgment
☐ Certification ☐ Oath/Affirmation
☐ Other _____

Document type: _____

Document date: _____ / _____ / _____

Identification

☐ Individual   ☐ Driver's License   ☐ Passport
☐ Credible Witness   ☐ Known Personally   ☐ ID Card

Thumb Print   ☐ Other _____

                     ID#: _____

                     Issued by: _____

                     Issued on: _____ / _____ / _____

                     Expires on: _____ / _____ / _____

Individual

Name:
(print)

Address:

Phone:
(or email)

Signature:

Witness

Name:
(print)

Address:

Phone:
(or email)

Signature:

Notary Public Logbook Entry # 40

Date & Time: _____ / _____ / _____   _____ : _____ am/pm

Place:

Fee: $ _____

Travel: _____

Service

☐ Jurat   ☐ Acknowledgment

☐ Certification   ☐ Oath/Affirmation

☐ Other _____

Document type: _____

Document date: _____ / _____ / _____

Identification

☐ Individual

☐ Credible Witness

☐ Driver's License   ☐ Passport

☐ Known Personally   ☐ ID Card

Thumb Print

☐ Other _____

ID#: _____

Issued by: _____

Issued on: _____ / _____ / _____

Expires on: _____ / _____ / _____

Individual

Name:
(print)

Address:

Phone:
(or email)

Signature:

Witness

Name:
(print)

Address:

Phone:
(or email)

Signature:

Notary Public Logbook Entry # 41

Date & Time: _____ / _____ / _____   _____ : _____ am/pm

Place:

Fee: $ _____

Travel: _____

Service

☐ Jurat   ☐ Acknowledgment

☐ Certification   ☐ Oath/Affirmation

☐ Other _____

Document type: _____

Document date: _____ / _____ / _____

Identification

☐ Individual   ☐ Driver's License   ☐ Passport

☐ Credible Witness   ☐ Known Personally   ☐ ID Card

Thumb Print   ☐ Other _____

ID#: _____

Issued by: _____

Issued on: _____ / _____ / _____

Expires on: _____ / _____ / _____

Individual

Name:
(print)

Address:

Phone:
(or email)

Signature:

Witness

Name:
(print)

Address:

Phone:
(or email)

Signature:

Notary Public Logbook Entry # 42

Date & Time: _____ / _____ / _____   _____ : _____ am/pm

Place:

Fee: $ _____

Travel: _____

Service

☐ Jurat   ☐ Acknowledgment

☐ Certification   ☐ Oath/Affirmation

☐ Other _____

Document type: _____

Document date: _____ / _____ / _____

Identification

☐ Individual   ☐ Driver's License   ☐ Passport

☐ Credible Witness   ☐ Known Personally   ☐ ID Card

Thumb Print

☐ Other _____

ID#: _____

Issued by: _____

Issued on: _____ / _____ / _____

Expires on: _____ / _____ / _____

Individual

Name:
(print)

Address:

Phone:
(or email)

Signature:

Witness

Name:
(print)

Address:

Phone:
(or email)

Signature:

Notary Public Logbook Entry # 43

Date & Time: _____ / _____ / _____   _____ : _____ am/pm

| Place: | Fee: $ _____ |
| | Travel: _____ |

Service

☐ Jurat   ☐ Acknowledgment

☐ Certification   ☐ Oath/Affirmation

☐ Other _____

Document type: _____

Document date: _____ / _____ / _____

Identification

☐ Individual   ☐ Driver's License   ☐ Passport

☐ Credible Witness   ☐ Known Personally   ☐ ID Card

Thumb Print   ☐ Other _____

ID#: _____

Issued by: _____

Issued on: _____ / _____ / _____

Expires on: _____ / _____ / _____

Individual

Name:
(print)

Address:

Phone:
(or email)

Signature:

Witness

Name:
(print)

Address:

Phone:
(or email)

Signature:

Notary Public Logbook Entry # 44

Date & Time: _____ / _____ / _____   _____ : _____ am/pm

Place:

Fee: $ _____

Travel: _____

Service

☐ Jurat   ☐ Acknowledgment

☐ Certification ☐ Oath/Affirmation

☐ Other _____

Document type: _____

Document date: _____ / _____ / _____

Identification

☐ Individual   ☐ Driver's License   ☐ Passport

☐ Credible Witness   ☐ Known Personally   ☐ ID Card

Thumb Print   ☐ Other _____

ID#: _____

Issued by: _____

Issued on: _____ / _____ / _____

Expires on: _____ / _____ / _____

Individual

Name:
(print)

Address:

Phone:
(or email)

Signature:

Witness

Name:
(print)

Address:

Phone:
(or email)

Signature:

Notary Public Logbook Entry # 45

Date & Time: _____ / _____ / _____ _____ : _____ am/pm

Place:

Fee: $ _____

Travel: _____

Service

☐ Jurat   ☐ Acknowledgment

☐ Certification   ☐ Oath/Affirmation

☐ Other _____

Document type: _____

Document date: _____ / _____ / _____

Identification

☐ Individual

☐ Credible Witness

Thumb Print

☐ Driver's License   ☐ Passport

☐ Known Personally   ☐ ID Card

☐ Other _____

ID#: _____

Issued by: _____

Issued on: _____ / _____ / _____

Expires on: _____ / _____ / _____

Individual

Name:
(print)

Address:

Phone:
(or email)

Signature:

Witness

Name:
(print)

Address:

Phone:
(or email)

Signature:

Notary Public Logbook Entry # 46

Date & Time: _____ / _____ / _____   _____ : _____ am/pm

Place:

Fee: $ _____

Travel: _____

Service

☐ Jurat ☐ Acknowledgment

☐ Certification ☐ Oath/Affirmation

☐ Other _____

Document type: _____

Document date: _____ / _____ / _____

Identification

☐ Individual

☐ Credible Witness

Thumb Print

☐ Driver's License ☐ Passport

☐ Known Personally ☐ ID Card

☐ Other _____

ID#: _____

Issued by: _____

Issued on: _____ / _____ / _____

Expires on: _____ / _____ / _____

Individual

Name:
(print)

Address:

Phone:
(or email)

Signature:

Witness

Name:
(print)

Address:

Phone:
(or email)

Signature:

Notary Public Logbook Entry # 47

Date & Time: _____ / _____ / _____   _____ : _____ am/pm

Place:

Fee: $ _____

Travel: _____

Service

☐ Jurat   ☐ Acknowledgment

☐ Certification   ☐ Oath/Affirmation

☐ Other _____

Document type: _____

Document date: _____ / _____ / _____

Identification

☐ Individual

☐ Credible Witness

Thumb Print

☐ Driver's License   ☐ Passport

☐ Known Personally   ☐ ID Card

☐ Other _____

ID#: _____

Issued by: _____

Issued on: _____ / _____ / _____

Expires on: _____ / _____ / _____

Individual

Name:
(print)

Address:

Phone:
(or email)

Signature:

Witness

Name:
(print)

Address:

Phone:
(or email)

Signature:

Notary Public Logbook Entry # 48

Date & Time: _____ / _____ / _____ _____ : _____ am/pm

Place:

Fee: $ _____

Travel: _____

Service

☐ Jurat   ☐ Acknowledgment

☐ Certification   ☐ Oath/Affirmation

☐ Other _____

Document type: _____

Document date: _____ / _____ / _____

Identification

☐ Individual
☐ Credible Witness

Thumb Print

☐ Driver's License   ☐ Passport
☐ Known Personally   ☐ ID Card

☐ Other _____

ID#: _____

Issued by: _____

Issued on: _____ / _____ / _____

Expires on: _____ / _____ / _____

Individual

Name:
(print)

Address:

Phone:
(or email)

Signature:

Witness

Name:
(print)

Address:

Phone:
(or email)

Signature:

Notary Public Logbook Entry # 49

Date & Time: _____ / _____ / _____   _____ : _____ am/pm

Place:

Fee: $ _____

Travel: _____

Service

☐ Jurat   ☐ Acknowledgment

☐ Certification   ☐ Oath/Affirmation

☐ Other _____

Document type: _____

Document date: _____ / _____ / _____

Identification

☐ Individual   ☐ Driver's License   ☐ Passport

☐ Credible Witness   ☐ Known Personally   ☐ ID Card

Thumb Print   ☐ Other _____

ID#: _____

Issued by: _____

Issued on: _____ / _____ / _____

Expires on: _____ / _____ / _____

Individual

Name:
(print)

Address:

Phone:
(or email)

Signature:

Witness

Name:
(print)

Address:

Phone:
(or email)

Signature:

Notary Public Logbook Entry # 50

Date & Time: _____ / _____ / _____ _____ : _____ am/pm

Place:

Fee: $ _____

Travel: _____

Service

☐ Jurat ☐ Acknowledgment

☐ Certification ☐ Oath/Affirmation

☐ Other _____

Document type: _____

Document date: _____ / _____ / _____

Identification

☐ Individual

☐ Credible Witness

☐ Driver's License ☐ Passport

☐ Known Personally ☐ ID Card

Thumb Print

☐ Other _____

ID#: _____

Issued by: _____

Issued on: _____ / _____ / _____

Expires on: _____ / _____ / _____

Individual

Name:
(print)

Address:

Phone:
(or email)

Signature:

Witness

Name:
(print)

Address:

Phone:
(or email)

Signature:

Notary Public Logbook Entry # 51

Date & Time: _____ / _____ / _____   _____ : _____ am/pm

Place:

Fee: $ _____

Travel: _____

Service

- [ ] Jurat
- [ ] Acknowledgment
- [ ] Certification
- [ ] Oath/Affirmation
- [ ] Other _____

Document type: _____

Document date: _____ / _____ / _____

Identification

- [ ] Individual
- [ ] Credible Witness

Thumb Print

- [ ] Driver's License
- [ ] Passport
- [ ] Known Personally
- [ ] ID Card
- [ ] Other _____

ID#: _____

Issued by: _____

Issued on: _____ / _____ / _____

Expires on: _____ / _____ / _____

Individual

Name:
(print)

Address:

Phone:
(or email)

Signature:

Witness

Name:
(print)

Address:

Phone:
(or email)

Signature:

Notary Public Logbook Entry # 52

Date & Time: _____ / _____ / _____ _____ : _____ am/pm

Place:

Fee: $ _____

Travel: _____

Service

☐ Jurat   ☐ Acknowledgment

☐ Certification ☐ Oath/Affirmation

☐ Other _____

Document type: _____

Document date: _____ / _____ / _____

Identification

☐ Individual
☐ Credible Witness

☐ Driver's License ☐ Passport
☐ Known Personally ☐ ID Card

Thumb Print

☐ Other _____

ID#: _____

Issued by: _____

Issued on: _____ / _____ / _____

Expires on: _____ / _____ / _____

Individual

Name:
(print)

Address:

Phone:
(or email)

Signature:

Witness

Name:
(print)

Address:

Phone:
(or email)

Signature:

Notary Public Logbook Entry # 53

Date & Time: _____ / _____ / _____   _____ : _____ am/pm

Place:

Fee: $ _____

Travel: _____

Service

- [ ] Jurat
- [ ] Certification
- [ ] Acknowledgment
- [ ] Oath/Affirmation
- [ ] Other _____

Document type: _____

Document date: _____ / _____ / _____

Identification

- [ ] Individual
- [ ] Credible Witness

Thumb Print

- [ ] Driver's License
- [ ] Known Personally
- [ ] Passport
- [ ] ID Card
- [ ] Other _____

ID#: _____

Issued by: _____

Issued on: _____ / _____ / _____

Expires on: _____ / _____ / _____

Individual

Name:
(print)

Address:

Phone:
(or email)

Signature:

Witness

Name:
(print)

Address:

Phone:
(or email)

Signature:

Notary Public Logbook Entry # 54

Date & Time: _____ / _____ / _____   _____ : _____ am/pm

Place:

Fee: $ _____

Travel: _____

Service

☐ Jurat   ☐ Acknowledgment

☐ Certification ☐ Oath/Affirmation

☐ Other _____

Document type: _____

Document date: _____ / _____ / _____

Identification

☐ Individual   ☐ Driver's License   ☐ Passport

☐ Credible Witness   ☐ Known Personally   ☐ ID Card

Thumb Print

☐ Other _____

ID#: _____

Issued by: _____

Issued on: _____ / _____ / _____

Expires on: _____ / _____ / _____

Individual

Name:
(print)

Address:

Phone:
(or email)

Signature:

Witness

Name:
(print)

Address:

Phone:
(or email)

Signature:

Notary Public Logbook Entry # 55

Date & Time: _____ / _____ / _____   _____ : _____ am/pm

Place:

Fee: $ _____

Travel: _____

Service

- [ ] Jurat
- [ ] Certification
- [ ] Acknowledgment
- [ ] Oath/Affirmation
- [ ] Other _____

Document type: _____

Document date: _____ / _____ / _____

Identification

- [ ] Individual
- [ ] Credible Witness

Thumb Print

- [ ] Driver's License
- [ ] Known Personally
- [ ] Passport
- [ ] ID Card
- [ ] Other _____

ID#: _____

Issued by: _____

Issued on: _____ / _____ / _____

Expires on: _____ / _____ / _____

Individual

Name:
(print)

Address:

Phone:
(or email)

Signature:

Witness

Name:
(print)

Address:

Phone:
(or email)

Signature:

Notary Public Logbook Entry # 56

Date & Time: _____ / _____ / _____   _____ : _____ am/pm

Place:

Fee: $ _____

Travel: _____

Service

☐ Jurat   ☐ Acknowledgment

☐ Certification ☐ Oath/Affirmation

☐ Other _____

Document type: _____

Document date: _____ / _____ / _____

Identification

☐ Individual   ☐ Driver's License ☐ Passport

☐ Credible Witness   ☐ Known Personally ☐ ID Card

Thumb Print

☐ Other _____

ID#: _____

Issued by: _____

Issued on: _____ / _____ / _____

Expires on: _____ / _____ / _____

Individual

Name:
(print)

Address:

Phone:
(or email)

Signature:

Witness

Name:
(print)

Address:

Phone:
(or email)

Signature:

Notary Public Logbook Entry # 57

Date & Time: _____ / _____ / _____   _____ : _____ am/pm

Place:

Fee: $ _____

Travel: _____

Service

☐ Jurat   ☐ Acknowledgment

☐ Certification   ☐ Oath/Affirmation

☐ Other _____

Document type: _____

Document date: _____ / _____ / _____

Identification

☐ Individual

☐ Credible Witness

Thumb Print

☐ Driver's License   ☐ Passport

☐ Known Personally   ☐ ID Card

☐ Other _____

ID#: _____

Issued by: _____

Issued on: _____ / _____ / _____

Expires on: _____ / _____ / _____

Individual

Name:
(print)

Address:

Phone:
(or email)

Signature:

Witness

Name:
(print)

Address:

Phone:
(or email)

Signature:

Notary Public Logbook Entry # 58

Date & Time: _____ / _____ / _____   _____ : _____ am/pm

Place:

Fee: $ _____

Travel: _____

Service

- [ ] Jurat
- [ ] Acknowledgment
- [ ] Certification
- [ ] Oath/Affirmation
- [ ] Other _____

Document type: _____

Document date: _____ / _____ / _____

Identification

- [ ] Individual
- [ ] Credible Witness

- [ ] Driver's License
- [ ] Passport
- [ ] Known Personally
- [ ] ID Card

Thumb Print

- [ ] Other _____

ID#: _____

Issued by: _____

Issued on: _____ / _____ / _____

Expires on: _____ / _____ / _____

Individual

Name:
(print)

Address:

Phone:
(or email)

Signature:

Witness

Name:
(print)

Address:

Phone:
(or email)

Signature:

Notary Public Logbook Entry # 59

Date & Time: _____ / _____ / _____   _____ : _____ am/pm

Place:

Fee: $ _____

Travel: _____

Service

☐ Jurat   ☐ Acknowledgment

☐ Certification ☐ Oath/Affirmation

☐ Other _____

Document type: _____

Document date: _____ / _____ / _____

Identification

☐ Individual   ☐ Driver's License   ☐ Passport

☐ Credible Witness   ☐ Known Personally   ☐ ID Card

Thumb Print   ☐ Other _____

ID#: _____

Issued by: _____

Issued on: _____ / _____ / _____

Expires on: _____ / _____ / _____

Individual

Name:
(print)

Address:

Phone:
(or email)

Signature:

Witness

Name:
(print)

Address:

Phone:
(or email)

Signature:

Notary Public Logbook Entry # 60

Date & Time: _____ / _____ / _____   _____ : _____ am/pm

Place: _____

Fee: $ _____

Travel: _____

Individual

Name:
(print)

Address:

Phone:
(or email)

Signature:

Service

☐ Jurat   ☐ Acknowledgment

☐ Certification ☐ Oath/Affirmation

☐ Other _____

Document type: _____

Document date: _____ / _____ / _____

Identification

☐ Individual
☐ Credible Witness

Thumb Print

☐ Driver's License   ☐ Passport
☐ Known Personally   ☐ ID Card

☐ Other _____

ID#: _____

Issued by: _____

Issued on: _____ / _____ / _____

Expires on: _____ / _____ / _____

Witness

Name:
(print)

Address:

Phone:
(or email)

Signature:

Notary Public Logbook Entry # 61

Date & Time: _____ / _____ / _____   _____ : _____ am/pm

Place:

Fee: $ _____

Travel: _____

Service

- [ ] Jurat
- [ ] Certification
- [ ] Acknowledgment
- [ ] Oath/Affirmation
- [ ] Other _____

Document type: _____

Document date: _____ / _____ / _____

Identification

- [ ] Individual
- [ ] Credible Witness

Thumb Print

- [ ] Driver's License
- [ ] Known Personally
- [ ] Passport
- [ ] ID Card
- [ ] Other _____

ID#: _____

Issued by: _____

Issued on: _____ / _____ / _____

Expires on: _____ / _____ / _____

Individual

Name:
(print)

Address:

Phone:
(or email)

Signature:

Witness

Name:
(print)

Address:

Phone:
(or email)

Signature:

Notary Public Logbook Entry # 62

Date & Time: _____ / _____ / _____ _____ : _____ am/pm

Place:

Fee: $ _____

Travel: _____

Individual

Name:
(print)

Address:

Phone:
(or email)

Signature:

Service

☐ Jurat   ☐ Acknowledgment

☐ Certification ☐ Oath/Affirmation

☐ Other _____

Document type: _____

Document date: _____ / _____ / _____

Identification

☐ Individual   ☐ Driver's License ☐ Passport

☐ Credible Witness ☐ Known Personally ☐ ID Card

Thumb Print

☐ Other _____

ID#: _____

Issued by: _____

Issued on: _____ / _____ / _____

Expires on: _____ / _____ / _____

Witness

Name:
(print)

Address:

Phone:
(or email)

Signature:

Notary Public Logbook Entry # 63

Date & Time: _____ / _____ / _____   _____ : _____ am/pm

Place: _____

Fee: $ _____

Travel: _____

Service

- [ ] Jurat
- [ ] Certification
- [ ] Acknowledgment
- [ ] Oath/Affirmation
- [ ] Other _____

Document type: _____

Document date: _____ / _____ / _____

Identification

- [ ] Individual
- [ ] Credible Witness

Thumb Print

- [ ] Driver's License
- [ ] Passport
- [ ] Known Personally
- [ ] ID Card
- [ ] Other _____

ID#: _____

Issued by: _____

Issued on: _____ / _____ / _____

Expires on: _____ / _____ / _____

Individual

Name:
(print)

Address:

Phone:
(or email)

Signature:

Witness

Name:
(print)

Address:

Phone:
(or email)

Signature:

Notary Public Logbook Entry # 64

Date & Time: _____ / _____ / _____   _____ : _____ am/pm

Place:

Fee: $ _____

Travel: _____

Service

☐ Jurat   ☐ Acknowledgment

☐ Certification ☐ Oath/Affirmation

☐ Other _____

Document type: _____

Document date: _____ / _____ / _____

Identification

☐ Individual
☐ Credible Witness

Thumb Print

☐ Driver's License   ☐ Passport
☐ Known Personally   ☐ ID Card

☐ Other _____

ID#: _____

Issued by: _____

Issued on: _____ / _____ / _____

Expires on: _____ / _____ / _____

Individual

Name:
(print)

Address:

Phone:
(or email)

Signature:

Witness

Name:
(print)

Address:

Phone:
(or email)

Signature:

Notary Public Logbook Entry # 65

Date & Time: _____ / _____ / _____   _____ : _____ am/pm

Place:

Fee: $ _____

Travel: _____

Service

- [ ] Jurat
- [ ] Certification
- [ ] Acknowledgment
- [ ] Oath/Affirmation
- [ ] Other _____

Document type: _____

Document date: _____ / _____ / _____

Identification

- [ ] Individual
- [ ] Credible Witness

Thumb Print

- [ ] Driver's License
- [ ] Known Personally
- [ ] Passport
- [ ] ID Card
- [ ] Other _____

ID#: _____

Issued by: _____

Issued on: _____ / _____ / _____

Expires on: _____ / _____ / _____

Individual

Name:
(print)

Address:

Phone:
(or email)

Signature:

Witness

Name:
(print)

Address:

Phone:
(or email)

Signature:

Notary Public Logbook Entry # 66

Date & Time: _____ / _____ / _____ _____ : _____ am/pm

Place: _____

Fee: $ _____

Travel: _____

Service

- [ ] Jurat
- [ ] Acknowledgment
- [ ] Certification
- [ ] Oath/Affirmation
- [ ] Other _____

Document type: _____

Document date: _____ / _____ / _____

Identification

- [ ] Individual
- [ ] Credible Witness

Thumb Print

- [ ] Driver's License
- [ ] Passport
- [ ] Known Personally
- [ ] ID Card
- [ ] Other _____

ID#: _____

Issued by: _____

Issued on: _____ / _____ / _____

Expires on: _____ / _____ / _____

Individual

Name:
(print)

Address:

Phone:
(or email)

Signature:

Witness

Name:
(print)

Address:

Phone:
(or email)

Signature:

Notary Public Logbook Entry # 67

Date & Time: _____ / _____ / _____   _____ : _____ am/pm

Place:

Fee: $ _____

Travel: _____

Service

☐ Jurat ☐ Acknowledgment

☐ Certification ☐ Oath/Affirmation

☐ Other _____

Document type: _____

Document date: _____ / _____ / _____

Identification

☐ Individual

☐ Credible Witness

Thumb Print

☐ Driver's License ☐ Passport

☐ Known Personally ☐ ID Card

☐ Other _____

ID#: _____

Issued by: _____

Issued on: _____ / _____ / _____

Expires on: _____ / _____ / _____

Individual

Name:
(print)

Address:

Phone:
(or email)

Signature:

Witness

Name:
(print)

Address:

Phone:
(or email)

Signature:

Notary Public Logbook Entry # 68

Date & Time: _____ / _____ / _____   _____ : _____ am/pm

Place: _____

Fee: $ _____

Travel: _____

Service

- [ ] Jurat
- [ ] Acknowledgment
- [ ] Certification
- [ ] Oath/Affirmation
- [ ] Other _____

Document type: _____

Document date: _____ / _____ / _____

Identification

- [ ] Individual
- [ ] Credible Witness
- [ ] Driver's License
- [ ] Passport
- [ ] Known Personally
- [ ] ID Card

Thumb Print

- [ ] Other _____

ID#: _____

Issued by: _____

Issued on: _____ / _____ / _____

Expires on: _____ / _____ / _____

Individual

Name:
(print)

Address:

Phone:
(or email)

Signature:

Witness

Name:
(print)

Address:

Phone:
(or email)

Signature:

Notary Public Logbook Entry # 69

Date & Time: _____ / _____ / _____   _____ : _____ am/pm

Place:

Fee: $ _____

Travel: _____

Service

☐ Jurat   ☐ Acknowledgment

☐ Certification   ☐ Oath/Affirmation

☐ Other _____

Document type: _____

Document date: _____ / _____ / _____

Identification

☐ Individual

☐ Credible Witness

Thumb Print

☐ Driver's License   ☐ Passport

☐ Known Personally   ☐ ID Card

☐ Other _____

ID#: _____

Issued by: _____

Issued on: _____ / _____ / _____

Expires on: _____ / _____ / _____

Individual

Name:
(print)

Address:

Phone:
(or email)

Signature:

Witness

Name:
(print)

Address:

Phone:
(or email)

Signature:

Notary Public Logbook Entry # 70

Date & Time: _____ / _____ / _____   _____ : _____ am/pm

Place:

Fee: $ _____

Travel: _____

Service

☐ Jurat   ☐ Acknowledgment

☐ Certification ☐ Oath/Affirmation

☐ Other _____

Document type: _____

Document date: _____ / _____ / _____

Individual

Name:
(print)

Address:

Phone:
(or email)

Signature:

Identification

☐ Individual   ☐ Driver's License   ☐ Passport

☐ Credible Witness   ☐ Known Personally   ☐ ID Card

Thumb Print

☐ Other _____

ID#: _____

Issued by: _____

Issued on: _____ / _____ / _____

Expires on: _____ / _____ / _____

Witness

Name:
(print)

Address:

Phone:
(or email)

Signature:

Notary Public Logbook Entry # 71

Date & Time: _____ / _____ / _____   _____ : _____ am/pm

Place: _____

Fee: $ _____

Travel: _____

Service

☐ Jurat ☐ Acknowledgment

☐ Certification ☐ Oath/Affirmation

☐ Other _____

Document type: _____

Document date: _____ / _____ / _____

Identification

☐ Individual ☐ Driver's License ☐ Passport

☐ Credible Witness ☐ Known Personally ☐ ID Card

Thumb Print

☐ Other _____

ID#: _____

Issued by: _____

Issued on: _____ / _____ / _____

Expires on: _____ / _____ / _____

Individual

Name:
(print)

Address:

Phone:
(or email)

Signature:

Witness

Name:
(print)

Address:

Phone:
(or email)

Signature:

Notary Public Logbook Entry # 72

Date & Time: _____ / _____ / _____   _____ : _____ am/pm

Place:

Fee: $ _____

Travel: _____

Service

☐ Jurat   ☐ Acknowledgment

☐ Certification   ☐ Oath/Affirmation

☐ Other _____

Document type: _____

Document date: _____ / _____ / _____

Identification

☐ Individual   ☐ Driver's License   ☐ Passport

☐ Credible Witness   ☐ Known Personally   ☐ ID Card

Thumb Print

☐ Other _____

ID#: _____

Issued by: _____

Issued on: _____ / _____ / _____

Expires on: _____ / _____ / _____

Individual

Name:
(print)

Address:

Phone:
(or email)

Signature:

Witness

Name:
(print)

Address:

Phone:
(or email)

Signature:

Notary Public Logbook Entry # 73

Date & Time: _____ / _____ / _____   _____ : _____ am/pm

Place:

Fee: $ _____

Travel: _____

Individual

Name:
(print)

Address:

Phone:
(or email)

Signature:

Service

☐ Jurat   ☐ Acknowledgment

☐ Certification   ☐ Oath/Affirmation

☐ Other _____

Document type: _____

Document date: _____ / _____ / _____

Identification

☐ Individual
☐ Credible Witness

Thumb Print

☐ Driver's License   ☐ Passport

☐ Known Personally   ☐ ID Card

☐ Other _____

ID#: _____

Issued by: _____

Issued on: _____ / _____ / _____

Expires on: _____ / _____ / _____

Witness

Name:
(print)

Address:

Phone:
(or email)

Signature:

Notary Public Logbook Entry # 74

Date & Time: _____ / _____ / _____ _____ : _____ am/pm

Place:

Fee: $ _____

Travel: _____

Service

☐ Jurat ☐ Acknowledgment

☐ Certification ☐ Oath/Affirmation

☐ Other _____

Document type: _____

Document date: _____ / _____ / _____

Identification

☐ Individual

☐ Credible Witness

☐ Driver's License ☐ Passport

☐ Known Personally ☐ ID Card

Thumb Print

☐ Other _____

ID#: _____

Issued by: _____

Issued on: _____ / _____ / _____

Expires on: _____ / _____ / _____

Individual

Name:
(print)

Address:

Phone:
(or email)

Signature:

Witness

Name:
(print)

Address:

Phone:
(or email)

Signature:

Notary Public Logbook Entry # 75

Date & Time: _____ / _____ / _____   _____ : _____ am/pm

Place:

Fee: $ _____

Travel: _____

Service

☐ Jurat   ☐ Acknowledgment
☐ Certification   ☐ Oath/Affirmation
☐ Other _____

Document type: _____

Document date: _____ / _____ / _____

Identification

☐ Individual
☐ Credible Witness

Thumb Print

☐ Driver's License   ☐ Passport
☐ Known Personally   ☐ ID Card

☐ Other _____

ID#: _____

Issued by: _____

Issued on: _____ / _____ / _____

Expires on: _____ / _____ / _____

Individual

Name:
(print)

Address:

Phone:
(or email)

Signature:

Witness

Name:
(print)

Address:

Phone:
(or email)

Signature:

Notary Public Logbook Entry # 76

Date & Time: _____ / _____ / _____   _____ : _____ am/pm

Place:

Fee: $ _____

Travel: _____

Service

- [ ] Jurat
- [ ] Certification
- [ ] Acknowledgment
- [ ] Oath/Affirmation
- [ ] Other _____

Document type: _____

Document date: _____ / _____ / _____

Identification

- [ ] Individual
- [ ] Credible Witness

Thumb Print

- [ ] Driver's License
- [ ] Known Personally
- [ ] Passport
- [ ] ID Card
- [ ] Other _____

ID#: _____

Issued by: _____

Issued on: _____ / _____ / _____

Expires on: _____ / _____ / _____

Individual

Name:
(print)

Address:

Phone:
(or email)

Signature:

Witness

Name:
(print)

Address:

Phone:
(or email)

Signature:

Notary Public Logbook Entry # 77

Date & Time: _____ / _____ / _____   _____ : _____ am/pm

Place:

Fee: $ _____

Travel: _____

Service

- [ ] Jurat
- [ ] Certification
- [ ] Acknowledgment
- [ ] Oath/Affirmation
- [ ] Other _____

Document type: _____

Document date: _____ / _____ / _____

Identification

- [ ] Individual
- [ ] Credible Witness

Thumb Print

- [ ] Driver's License
- [ ] Known Personally
- [ ] Passport
- [ ] ID Card
- [ ] Other _____

ID#: _____

Issued by: _____

Issued on: _____ / _____ / _____

Expires on: _____ / _____ / _____

Individual

Name:
(print)

Address:

Phone:
(or email)

Signature:

Witness

Name:
(print)

Address:

Phone:
(or email)

Signature:

Notary Public Logbook Entry # 78

Date & Time: _____ / _____ / _____   _____ : _____ am/pm

Place:

Fee: $ _____

Travel: _____

Service

☐ Jurat   ☐ Acknowledgment

☐ Certification   ☐ Oath/Affirmation

☐ Other _____

Document type: _____

Document date: _____ / _____ / _____

Identification

☐ Individual   ☐ Driver's License   ☐ Passport

☐ Credible Witness   ☐ Known Personally   ☐ ID Card

Thumb Print

☐ Other _____

ID#: _____

Issued by: _____

Issued on: _____ / _____ / _____

Expires on: _____ / _____ / _____

Individual

Name:
(print)

Address:

Phone:
(or email)

Signature:

Witness

Name:
(print)

Address:

Phone:
(or email)

Signature:

Notary Public Logbook Entry # 79

Date & Time: _____ / _____ / _____ _____ : _____ am/pm

Place:

Fee: $ _____

Travel: _____

Individual

Name:
(print)

Address:

Phone:
(or email)

Signature:

Service

☐ Jurat   ☐ Acknowledgment

☐ Certification ☐ Oath/Affirmation

☐ Other _____

Document type: _____

Document date: _____ / _____ / _____

Identification

☐ Individual   ☐ Driver's License ☐ Passport

☐ Credible Witness   ☐ Known Personally ☐ ID Card

Thumb Print

☐ Other _____

ID#: _____

Issued by: _____

Issued on: _____ / _____ / _____

Expires on: _____ / _____ / _____

Witness

Name:
(print)

Address:

Phone:
(or email)

Signature:

Notary Public Logbook Entry # 80

Date & Time: _____ / _____ / _____   _____ : _____ am/pm

Place:

Fee: $ _____

Travel: _____

Service

- [ ] Jurat
- [ ] Acknowledgment
- [ ] Certification
- [ ] Oath/Affirmation
- [ ] Other _____

Document type: _____

Document date: _____ / _____ / _____

Identification

- [ ] Individual
- [ ] Credible Witness

Thumb Print

- [ ] Driver's License
- [ ] Passport
- [ ] Known Personally
- [ ] ID Card
- [ ] Other _____

ID#: _____

Issued by: _____

Issued on: _____ / _____ / _____

Expires on: _____ / _____ / _____

Individual

Name:
(print)

Address:

Phone:
(or email)

Signature:

Witness

Name:
(print)

Address:

Phone:
(or email)

Signature:

Notary Public Logbook Entry # 81

Date & Time: _____ / _____ / _____ _____ : _____ am/pm

Place:

Fee: $ _____

Travel: _____

Service

☐ Jurat ☐ Acknowledgment

☐ Certification ☐ Oath/Affirmation

☐ Other _____

Document type: _____

Document date: _____ / _____ / _____

Identification

☐ Individual

☐ Credible Witness

Thumb Print

☐ Driver's License ☐ Passport

☐ Known Personally ☐ ID Card

☐ Other _____

ID#: _____

Issued by: _____

Issued on: _____ / _____ / _____

Expires on: _____ / _____ / _____

Individual

Name:
(print)

Address:

Phone:
(or email)

Signature:

Witness

Name:
(print)

Address:

Phone:
(or email)

Signature:

Notary Public Logbook Entry # 82

Date & Time: _____ / _____ / _____   _____ : _____ am/pm

Place:

Fee: $ _____

Travel: _____

Service

- [ ] Jurat
- [ ] Acknowledgment
- [ ] Certification
- [ ] Oath/Affirmation
- [ ] Other _____

Document type: _____

Document date: _____ / _____ / _____

Identification

- [ ] Individual
- [ ] Credible Witness

- [ ] Driver's License
- [ ] Passport
- [ ] Known Personally
- [ ] ID Card

Thumb Print

- [ ] Other _____

ID#: _____

Issued by: _____

Issued on: _____ / _____ / _____

Expires on: _____ / _____ / _____

Individual

Name:
(print)

Address:

Phone:
(or email)

Signature:

Witness

Name:
(print)

Address:

Phone:
(or email)

Signature:

Notary Public Logbook Entry # 83

Date & Time: _____ / _____ / _____ _____ : _____ am/pm

Place:

Fee: $ _____

Travel: _____

Service

☐ Jurat ☐ Acknowledgment

☐ Certification ☐ Oath/Affirmation

☐ Other _____

Document type: _____

Document date: _____ / _____ / _____

Identification

☐ Individual

☐ Credible Witness

Thumb Print

☐ Driver's License ☐ Passport

☐ Known Personally ☐ ID Card

☐ Other _____

ID#: _____

Issued by: _____

Issued on: _____ / _____ / _____

Expires on: _____ / _____ / _____

Individual

Name:
(print)

Address:

Phone:
(or email)

Signature:

Witness

Name:
(print)

Address:

Phone:
(or email)

Signature:

Notary Public Logbook Entry # 84

Date & Time: _____ / _____ / _____   _____ : _____ am/pm

Place:

Fee: $ _____

Travel: _____

Service

☐ Jurat   ☐ Acknowledgment

☐ Certification   ☐ Oath/Affirmation

☐ Other _____

Document type: _____

Document date: _____ / _____ / _____

Identification

☐ Individual

☐ Credible Witness

     Thumb Print

☐ Driver's License   ☐ Passport

☐ Known Personally   ☐ ID Card

☐ Other _____

ID#: _____

Issued by: _____

Issued on: _____ / _____ / _____

Expires on: _____ / _____ / _____

Individual

Name:
(print)

Address:

Phone:
(or email)

Signature:

Witness

Name:
(print)

Address:

Phone:
(or email)

Signature:

Notary Public Logbook Entry # 85

Date & Time: _____ / _____ / _____   _____ : _____ am/pm

Place:

Fee: $ _____

Travel: _____

Service

- [ ] Jurat
- [ ] Certification
- [ ] Acknowledgment
- [ ] Oath/Affirmation
- [ ] Other _____

Document type: _____

Document date: _____ / _____ / _____

Identification

- [ ] Individual
- [ ] Credible Witness

Thumb Print

- [ ] Driver's License
- [ ] Known Personally
- [ ] Passport
- [ ] ID Card
- [ ] Other _____

ID#: _____

Issued by: _____

Issued on: _____ / _____ / _____

Expires on: _____ / _____ / _____

Individual

Name:
(print)

Address:

Phone:
(or email)

Signature:

Witness

Name:
(print)

Address:

Phone:
(or email)

Signature:

Notary Public Logbook Entry # 86

Date & Time: _____ / _____ / _____   _____ : _____ am/pm

Place:

Fee: $ _____

Travel: _____

Service

- [ ] Jurat
- [ ] Acknowledgment
- [ ] Certification
- [ ] Oath/Affirmation
- [ ] Other _____

Document type: _____

Document date: _____ / _____ / _____

Identification

- [ ] Individual
- [ ] Credible Witness

Thumb Print

- [ ] Driver's License
- [ ] Passport
- [ ] Known Personally
- [ ] ID Card
- [ ] Other _____

ID#: _____

Issued by: _____

Issued on: _____ / _____ / _____

Expires on: _____ / _____ / _____

Individual

Name:
(print)

Address:

Phone:
(or email)

Signature:

- Witness

Name:
(print)

Address:

Phone:
(or email)

Signature:

Notary Public Logbook Entry # 87

Date & Time: _____ / _____ / _____   _____ : _____ am/pm

Place:

Fee: $ _____

Travel: _____

Service

- [ ] Jurat
- [ ] Certification
- [ ] Acknowledgment
- [ ] Oath/Affirmation
- [ ] Other _____

Document type: _____

Document date: _____ / _____ / _____

Identification

- [ ] Individual
- [ ] Credible Witness

Thumb Print

- [ ] Driver's License
- [ ] Known Personally
- [ ] Passport
- [ ] ID Card
- [ ] Other _____

ID#: _____

Issued by: _____

Issued on: _____ / _____ / _____

Expires on: _____ / _____ / _____

Individual

Name:
(print)

Address:

Phone:
(or email)

Signature:

Witness

Name:
(print)

Address:

Phone:
(or email)

Signature:

Notary Public Logbook Entry # 88

Date & Time: _____ / _____ / _____   _____ : _____ am/pm

Place:

Fee: $ _____

Travel: _____

Service

☐ Jurat   ☐ Acknowledgment

☐ Certification   ☐ Oath/Affirmation

☐ Other _____

Document type: _____

Document date: _____ / _____ / _____

Identification

☐ Individual   ☐ Driver's License   ☐ Passport

☐ Credible Witness   ☐ Known Personally   ☐ ID Card

Thumb Print

☐ Other _____

ID#: _____

Issued by: _____

Issued on: _____ / _____ / _____

Expires on: _____ / _____ / _____

Individual

Name:
(print)

Address:

Phone:
(or email)

Signature:

Witness

Name:
(print)

Address:

Phone:
(or email)

Signature:

Notary Public Logbook Entry # 89

Date & Time: _____ / _____ / _____   _____ : _____ am/pm

Place:

Fee: $ _____

Travel: _____

Individual

Name:
(print)

Address:

Phone:
(or email)

Signature:

Service

- [ ] Jurat
- [ ] Certification
- [ ] Acknowledgment
- [ ] Oath/Affirmation
- [ ] Other _____

Document type: _____

Document date: _____ / _____ / _____

Identification

- [ ] Individual
- [ ] Credible Witness

Thumb Print

- [ ] Driver's License
- [ ] Known Personally
- [ ] Passport
- [ ] ID Card
- [ ] Other _____

ID#: _____

Issued by: _____

Issued on: _____ / _____ / _____

Expires on: _____ / _____ / _____

Witness

Name:
(print)

Address:

Phone:
(or email)

Signature:

Notary Public Logbook Entry # 90

Date & Time: _____ / _____ / _____   _____ : _____ am/pm

Place:

Fee: $ _____

Travel: _____

Service

- [ ] Jurat
- [ ] Certification
- [ ] Acknowledgment
- [ ] Oath/Affirmation
- [ ] Other _____

Document type: _____

Document date: _____ / _____ / _____

Identification

- [ ] Individual
- [ ] Credible Witness

Thumb Print

- [ ] Driver's License
- [ ] Known Personally
- [ ] Passport
- [ ] ID Card
- [ ] Other _____

ID#: _____

Issued by: _____

Issued on: _____ / _____ / _____

Expires on: _____ / _____ / _____

Individual

Name:
(print)

Address:

Phone:
(or email)

Signature:

Witness

Name:
(print)

Address:

Phone:
(or email)

Signature:

Notary Public Logbook Entry # 91

Date & Time: _____ / _____ / _____   _____ : _____ am/pm

Place: _____

Fee: $ _____

Travel: _____

Service

☐ Jurat ☐ Acknowledgment

☐ Certification ☐ Oath/Affirmation

☐ Other _____

Document type: _____

Document date: _____ / _____ / _____

Identification

☐ Individual

☐ Credible Witness

Thumb Print

☐ Driver's License ☐ Passport

☐ Known Personally ☐ ID Card

☐ Other _____

ID#: _____

Issued by: _____

Issued on: _____ / _____ / _____

Expires on: _____ / _____ / _____

Individual

Name: (print)

Address:

Phone: (or email)

Signature:

Witness

Name: (print)

Address:

Phone: (or email)

Signature:

Notary Public Logbook Entry # 92

Date & Time: _____ / _____ / _____   _____ : _____ am/pm

Place:

Fee: $ _____

Travel: _____

Service

☐ Jurat ☐ Acknowledgment
☐ Certification ☐ Oath/Affirmation
☐ Other _____

Document type: _____

Document date: _____ / _____ / _____

Identification

☐ Individual ☐ Driver's License ☐ Passport
☐ Credible Witness ☐ Known Personally ☐ ID Card

Thumb Print

☐ Other _____

ID#: _____

Issued by: _____

Issued on: _____ / _____ / _____

Expires on: _____ / _____ / _____

Individual

Name:
(print)

Address:

Phone:
(or email)

Signature:

Witness

Name:
(print)

Address:

Phone:
(or email)

Signature:

Notary Public Logbook Entry # 93

Date & Time: _____ / _____ / _____   _____ : _____ am/pm

Place:

Fee: $ _____

Travel: _____

Service

☐ Jurat   ☐ Acknowledgment

☐ Certification   ☐ Oath/Affirmation

☐ Other _____

Document type: _____

Document date: _____ / _____ / _____

Identification

☐ Individual   ☐ Driver's License   ☐ Passport

☐ Credible Witness   ☐ Known Personally   ☐ ID Card

Thumb Print

☐ Other _____

ID#: _____

Issued by: _____

Issued on: _____ / _____ / _____

Expires on: _____ / _____ / _____

Individual

Name:
(print)

Address:

Phone:
(or email)

Signature:

Witness

Name:
(print)

Address:

Phone:
(or email)

Signature:

Notary Public Logbook Entry # 94

Date & Time: _____ / _____ / _____   _____ : _____ am/pm

Place:

Fee: $ _____

Travel: _____

Service

☐ Jurat   ☐ Acknowledgment

☐ Certification   ☐ Oath/Affirmation

☐ Other _____

Document type: _____

Document date: _____ / _____ / _____

Identification

☐ Individual

☐ Credible Witness

Thumb Print

☐ Driver's License   ☐ Passport

☐ Known Personally   ☐ ID Card

☐ Other _____

ID#: _____

Issued by: _____

Issued on: _____ / _____ / _____

Expires on: _____ / _____ / _____

Individual

Name:
(print)

Address:

Phone:
(or email)

Signature:

Witness

Name:
(print)

Address:

Phone:
(or email)

Signature:

Notary Public Logbook Entry # 95

Date & Time: _____ / _____ / _____   _____ : _____ am/pm

Place:

Fee: $ _____

Travel: _____

Service

☐ Jurat ☐ Acknowledgment

☐ Certification ☐ Oath/Affirmation

☐ Other _____

Document type: _____

Document date: _____ / _____ / _____

Identification

☐ Individual

☐ Credible Witness

☐ Driver's License ☐ Passport

☐ Known Personally ☐ ID Card

☐ Other _____

Thumb Print

ID#: _____

Issued by: _____

Issued on: _____ / _____ / _____

Expires on: _____ / _____ / _____

Individual

Name:
(print)

Address:

Phone:
(or email)

Signature:

Witness

Name:
(print)

Address:

Phone:
(or email)

Signature:

Notary Public Logbook Entry # 96

Date & Time: _____ / _____ / _____   _____ : _____ am/pm

Place:

Fee: $ _____

Travel: _____

Service

- [ ] Jurat
- [ ] Certification
- [ ] Acknowledgment
- [ ] Oath/Affirmation
- [ ] Other _____

Document type: _____

Document date: _____ / _____ / _____

Identification

- [ ] Individual
- [ ] Credible Witness

Thumb Print

- [ ] Driver's License
- [ ] Known Personally
- [ ] Passport
- [ ] ID Card
- [ ] Other _____

ID#: _____

Issued by: _____

Issued on: _____ / _____ / _____

Expires on: _____ / _____ / _____

Individual

Name:
(print)

Address:

Phone:
(or email)

Signature:

Witness

Name:
(print)

Address:

Phone:
(or email)

Signature:

Notary Public Logbook Entry # 97

Date & Time: _____ / _____ / _____   _____ : _____ am/pm

Place:

Fee: $ _____

Travel: _____

Service

☐ Jurat   ☐ Acknowledgment

☐ Certification ☐ Oath/Affirmation

☐ Other _____

Document type: _____

Document date: _____ / _____ / _____

Identification

☐ Individual
☐ Credible Witness

Thumb Print

☐ Driver's License   ☐ Passport

☐ Known Personally   ☐ ID Card

☐ Other _____

ID#: _____

Issued by: _____

Issued on: _____ / _____ / _____

Expires on: _____ / _____ / _____

Individual

Name:
(print)

Address:

Phone:
(or email)

Signature:

Witness

Name:
(print)

Address:

Phone:
(or email)

Signature:

Notary Public Logbook Entry # 98

Date & Time: _____ / _____ / _____   _____ : _____ am/pm

Place:

Fee: $ _____

Travel: _____

Service

☐ Jurat   ☐ Acknowledgment

☐ Certification ☐ Oath/Affirmation

☐ Other _____

Document type: _____

Document date: _____ / _____ / _____

Identification

☐ Individual
☐ Credible Witness

Thumb Print

☐ Driver's License ☐ Passport

☐ Known Personally ☐ ID Card

☐ Other _____

ID#: _____

Issued by: _____

Issued on: _____ / _____ / _____

Expires on: _____ / _____ / _____

Individual

Name:
(print)

Address:

Phone:
(or email)

Signature:

Witness

Name:
(print)

Address:

Phone:
(or email)

Signature:

Notary Public Logbook Entry # 99

Date & Time: _____ / _____ / _____ _____ : _____ am/pm

Place:

Fee: $ _____

Travel: _____

Service

☐ Jurat   ☐ Acknowledgment

☐ Certification   ☐ Oath/Affirmation

☐ Other _____

Document type: _____

Document date: _____ / _____ / _____

Identification

☐ Individual   ☐ Driver's License   ☐ Passport

☐ Credible Witness   ☐ Known Personally   ☐ ID Card

Thumb Print

☐ Other _____

ID#: _____

Issued by: _____

Issued on: _____ / _____ / _____

Expires on: _____ / _____ / _____

Individual

Name:
(print)

Address:

Phone:
(or email)

Signature:

Witness

Name:
(print)

Address:

Phone:
(or email)

Signature:

Notary Public Logbook Entry # 100

Date & Time: _____ / _____ / _____   _____ : _____ am/pm

Place:

Fee: $ _____

Travel: _____

Service

☐ Jurat   ☐ Acknowledgment

☐ Certification   ☐ Oath/Affirmation

☐ Other _____

Document type: _____

Document date: _____ / _____ / _____

Identification

☐ Individual

☐ Credible Witness

Thumb Print

☐ Driver's License   ☐ Passport

☐ Known Personally   ☐ ID Card

☐ Other _____

ID#: _____

Issued by: _____

Issued on: _____ / _____ / _____

Expires on: _____ / _____ / _____

Individual

Name:
(print)

Address:

Phone:
(or email)

Signature:

Witness

Name:
(print)

Address:

Phone:
(or email)

Signature:

Notary Public Logbook Entry # 101

Date & Time: _____ / _____ / _____   _____ : _____ am/pm

Place:

Fee: $ _____

Travel: _____

Service

☐ Jurat   ☐ Acknowledgment

☐ Certification ☐ Oath/Affirmation

☐ Other _____

Document type: _____

Document date: _____ / _____ / _____

Identification

☐ Individual   ☐ Driver's License   ☐ Passport

☐ Credible Witness ☐ Known Personally   ☐ ID Card

Thumb Print

☐ Other _____

ID#: _____

Issued by: _____

Issued on: _____ / _____ / _____

Expires on: _____ / _____ / _____

Individual

Name:
(print)

Address:

Phone:
(or email)

Signature:

Witness

Name:
(print)

Address:

Phone:
(or email)

Signature:

Notary Public Logbook Entry # 102

Date & Time: _____ / _____ / _____   _____ : _____ am/pm

Place:

Fee: $ _____

Travel: _____

Service

☐ Jurat   ☐ Acknowledgment

☐ Certification   ☐ Oath/Affirmation

☐ Other _____

Document type: _____

Document date: _____ / _____ / _____

Identification

☐ Individual

☐ Credible Witness

Thumb Print

☐ Driver's License   ☐ Passport

☐ Known Personally   ☐ ID Card

☐ Other _____

ID#: _____

Issued by: _____

Issued on: _____ / _____ / _____

Expires on: _____ / _____ / _____

Individual

Name:
(print)

Address:

Phone:
(or email)

Signature:

Witness

Name:
(print)

Address:

Phone:
(or email)

Signature:

Notary Public Logbook Entry # 103

Date & Time: _____ / _____ / _____   _____ : _____ am/pm

Place:

Fee: $ _____

Travel: _____

Service

☐ Jurat   ☐ Acknowledgment

☐ Certification   ☐ Oath/Affirmation

☐ Other _____

Document type: _____

Document date: _____ / _____ / _____

Individual

Name:
(print)

Address:

Phone:
(or email)

Signature:

Identification

☐ Individual   ☐ Driver's License   ☐ Passport

☐ Credible Witness   ☐ Known Personally   ☐ ID Card

Thumb Print

☐ Other _____

ID#: _____

Issued by: _____

Issued on: _____ / _____ / _____

Expires on: _____ / _____ / _____

Witness

Name:
(print)

Address:

Phone:
(or email)

Signature:

Notary Public Logbook Entry # 104

Date & Time: _____ / _____ / _____   _____ : _____ am/pm

Place:

Fee: $ _____

Travel: _____

Service

☐ Jurat   ☐ Acknowledgment

☐ Certification   ☐ Oath/Affirmation

☐ Other _____

Document type: _____

Document date: _____ / _____ / _____

Identification

☐ Individual   ☐ Driver's License   ☐ Passport

☐ Credible Witness   ☐ Known Personally   ☐ ID Card

Thumb Print   ☐ Other _____

ID#: _____

Issued by: _____

Issued on: _____ / _____ / _____

Expires on: _____ / _____ / _____

Individual

Name:
(print)

Address:

Phone:
(or email)

Signature:

Witness

Name:
(print)

Address:

Phone:
(or email)

Signature:

Notary Public Logbook Entry # 105

Date & Time: _____ / _____ / _____   _____ : _____ am/pm

Place:

Fee: $ _____

Travel: _____

Service

- [ ] Jurat
- [ ] Acknowledgment
- [ ] Certification
- [ ] Oath/Affirmation
- [ ] Other _____

Document type: _____

Document date: _____ / _____ / _____

Identification

- [ ] Individual
- [ ] Credible Witness

- [ ] Driver's License
- [ ] Passport
- [ ] Known Personally
- [ ] ID Card

Thumb Print

- [ ] Other _____

ID#: _____

Issued by: _____

Issued on: _____ / _____ / _____

Expires on: _____ / _____ / _____

Individual

Name:
(print)

Address:

Phone:
(or email)

Signature:

Witness

Name:
(print)

Address:

Phone:
(or email)

Signature:

Notary Public Logbook Entry # 106

Date & Time: _____ / _____ / _____   _____ : _____ am/pm

Place:

Fee: $ _____

Travel: _____

Service

- [ ] Jurat
- [ ] Acknowledgment
- [ ] Certification
- [ ] Oath/Affirmation
- [ ] Other _____

Document type: _____

Document date: _____ / _____ / _____

Identification

- [ ] Individual
- [ ] Credible Witness

- [ ] Driver's License
- [ ] Passport
- [ ] Known Personally
- [ ] ID Card

Thumb Print

- [ ] Other _____

ID#: _____

Issued by: _____

Issued on: _____ / _____ / _____

Expires on: _____ / _____ / _____

Individual

Name:
(print)

Address:

Phone:
(or email)

Signature:

Witness

Name:
(print)

Address:

Phone:
(or email)

Signature:

Notary Public Logbook Entry # 107

Date & Time: _____ / _____ / _____   _____ : _____ am/pm

Place:

Fee: $ _____

Travel: _____

Service

☐ Jurat   ☐ Acknowledgment

☐ Certification   ☐ Oath/Affirmation

☐ Other _____

Document type: _____

Document date: _____ / _____ / _____

Identification

☐ Individual

☐ Credible Witness

Thumb Print

☐ Driver's License   ☐ Passport

☐ Known Personally   ☐ ID Card

☐ Other _____

ID#: _____

Issued by: _____

Issued on: _____ / _____ / _____

Expires on: _____ / _____ / _____

Individual

Name:
(print)

Address:

Phone:
(or email)

Signature:

Witness

Name:
(print)

Address:

Phone:
(or email)

Signature:

Notary Public Logbook Entry # 108

Date & Time: _____ / _____ / _____   _____ : _____ am/pm

Place:

Fee: $ _____

Travel: _____

Service

☐ Jurat   ☐ Acknowledgment

☐ Certification   ☐ Oath/Affirmation

☐ Other _____

Document type: _____

Document date: _____ / _____ / _____

Identification

☐ Individual   ☐ Driver's License   ☐ Passport

☐ Credible Witness   ☐ Known Personally   ☐ ID Card

Thumb Print

☐ Other _____

ID#: _____

Issued by: _____

Issued on: _____ / _____ / _____

Expires on: _____ / _____ / _____

Individual

Name:
(print)

Address:

Phone:
(or email)

Signature:

Witness

Name:
(print)

Address:

Phone:
(or email)

Signature:

Notary Public Logbook Entry # 109

Date & Time: _____ / _____ / _____   _____ : _____ am/pm

Place:

Fee: $ _____

Travel: _____

Service

- [ ] Jurat
- [ ] Certification
- [ ] Acknowledgment
- [ ] Oath/Affirmation
- [ ] Other _____

Document type: _____

Document date: _____ / _____ / _____

Identification

- [ ] Individual
- [ ] Credible Witness

Thumb Print

- [ ] Driver's License
- [ ] Known Personally
- [ ] Passport
- [ ] ID Card
- [ ] Other _____

ID#: _____

Issued by: _____

Issued on: _____ / _____ / _____

Expires on: _____ / _____ / _____

Individual

Name:
(print)

Address:

Phone:
(or email)

Signature:

Witness

Name:
(print)

Address:

Phone:
(or email)

Signature:

Notary Public Logbook Entry # 110

Date & Time: _____ / _____ / _____   _____ : _____ am/pm

Place:

Fee: $ _____

Travel: _____

Service

☐ Jurat   ☐ Acknowledgment

☐ Certification   ☐ Oath/Affirmation

☐ Other _____

Document type: _____

Document date: _____ / _____ / _____

Identification

☐ Individual

☐ Credible Witness

Thumb Print

☐ Driver's License   ☐ Passport

☐ Known Personally   ☐ ID Card

☐ Other _____

ID#: _____

Issued by: _____

Issued on: _____ / _____ / _____

Expires on: _____ / _____ / _____

Individual

Name:
(print)

Address:

Phone:
(or email)

Signature:

Witness

Name:
(print)

Address:

Phone:
(or email)

Signature:

Notary Public Logbook Entry # 111

Date & Time: _____ / _____ / _____   _____ : _____ am/pm

Place: | Fee: $ _____
| Travel: _____

Service

- [ ] Jurat
- [ ] Certification
- [ ] Acknowledgment
- [ ] Oath/Affirmation
- [ ] Other _____

Document type: _____

Document date: _____ / _____ / _____

Identification

- [ ] Individual
- [ ] Credible Witness

Thumb Print

- [ ] Driver's License
- [ ] Known Personally
- [ ] Passport
- [ ] ID Card
- [ ] Other _____

ID#: _____

Issued by: _____

Issued on: _____ / _____ / _____

Expires on: _____ / _____ / _____

Individual

Name:
(print)

Address:

Phone:
(or email)

Signature:

Witness

Name:
(print)

Address:

Phone:
(or email)

Signature:

Notary Public Logbook Entry # 112

Date & Time: _____ / _____ / _____   _____ : _____ am/pm

Place:

Fee: $ _____

Travel: _____

Service

- [ ] Jurat
- [ ] Acknowledgment
- [ ] Certification
- [ ] Oath/Affirmation
- [ ] Other _____

Document type: _____

Document date: _____ / _____ / _____

Identification

- [ ] Individual
- [ ] Credible Witness

Thumb Print

- [ ] Driver's License
- [ ] Passport
- [ ] Known Personally
- [ ] ID Card
- [ ] Other _____

ID#: _____

Issued by: _____

Issued on: _____ / _____ / _____

Expires on: _____ / _____ / _____

Individual

Name: (print)

Address:

Phone: (or email)

Signature:

Witness

Name: (print)

Address:

Phone: (or email)

Signature:

Notary Public Logbook Entry # 113

Date & Time: _____ / _____ / _____   _____ : _____ am/pm

Place:

Fee: $ _____

Travel: _____

Service

☐ Jurat   ☐ Acknowledgment

☐ Certification ☐ Oath/Affirmation

☐ Other _____

Document type: _____

Document date: _____ / _____ / _____

Identification

☐ Individual

☐ Credible Witness

Thumb Print

☐ Driver's License ☐ Passport

☐ Known Personally ☐ ID Card

☐ Other _____

ID#: _____

Issued by: _____

Issued on: _____ / _____ / _____

Expires on: _____ / _____ / _____

Individual

Name:
(print)

Address:

Phone:
(or email)

Signature:

Witness

Name:
(print)

Address:

Phone:
(or email)

Signature:

Notary Public Logbook Entry # 114

Date & Time: _____ / _____ / _____   _____ : _____ am/pm

Place:

Fee: $ _____

Travel: _____

Service

- [ ] Jurat
- [ ] Acknowledgment
- [ ] Certification
- [ ] Oath/Affirmation
- [ ] Other _____

Document type: _____

Document date: _____ / _____ / _____

Identification

- [ ] Individual
- [ ] Credible Witness

Thumb Print

- [ ] Driver's License
- [ ] Passport
- [ ] Known Personally
- [ ] ID Card
- [ ] Other _____

ID#: _____

Issued by: _____

Issued on: _____ / _____ / _____

Expires on: _____ / _____ / _____

Individual

Name:
(print)

Address:

Phone:
(or email)

Signature:

Witness

Name:
(print)

Address:

Phone:
(or email)

Signature:

Notary Public Logbook Entry # 115

Date & Time: _____ / _____ / _____   _____ : _____ am/pm

Place:

Fee: $ _____

Travel: _____

Service

☐ Jurat ☐ Acknowledgment

☐ Certification ☐ Oath/Affirmation

☐ Other _____

Document type: _____

Document date: _____ / _____ / _____

Identification

☐ Individual

☐ Credible Witness

Thumb Print

☐ Driver's License ☐ Passport

☐ Known Personally ☐ ID Card

☐ Other _____

ID#: _____

Issued by: _____

Issued on: _____ / _____ / _____

Expires on: _____ / _____ / _____

Individual

Name:
(print)

Address:

Phone:
(or email)

Signature:

Witness

Name:
(print)

Address:

Phone:
(or email)

Signature:

Notary Public Logbook Entry # 116

Date & Time: _____ / _____ / _____ _____ : _____ am/pm

Place: _____

Fee: $ _____

Travel: _____

Service

☐ Jurat   ☐ Acknowledgment

☐ Certification   ☐ Oath/Affirmation

☐ Other _____

Document type: _____

Document date: _____ / _____ / _____

Identification

☐ Individual   ☐ Driver's License   ☐ Passport

☐ Credible Witness   ☐ Known Personally   ☐ ID Card

Thumb Print

☐ Other _____

ID#: _____

Issued by: _____

Issued on: _____ / _____ / _____

Expires on: _____ / _____ / _____

Individual

Name:
(print)

Address:

Phone:
(or email)

Signature:

Witness

Name:
(print)

Address:

Phone:
(or email)

Signature:

Notary Public Logbook Entry # 117

Date & Time: _____ / _____ / _____   _____ : _____ am/pm

Place:

Fee: $ _____

Travel: _____

Service

- [ ] Jurat
- [ ] Certification
- [ ] Acknowledgment
- [ ] Oath/Affirmation
- [ ] Other _____

Document type: _____

Document date: _____ / _____ / _____

Identification

- [ ] Individual
- [ ] Credible Witness

Thumb Print

- [ ] Driver's License
- [ ] Known Personally
- [ ] Passport
- [ ] ID Card
- [ ] Other _____

ID#: _____

Issued by: _____

Issued on: _____ / _____ / _____

Expires on: _____ / _____ / _____

Individual

Name:
(print)

Address:

Phone:
(or email)

Signature:

Witness

Name:
(print)

Address:

Phone:
(or email)

Signature:

Notary Public Logbook Entry # 118

Date & Time: _____ / _____ / _____ _____ : _____ am/pm

Place: | Fee: $ _____
| Travel: _____

Service

☐ Jurat   ☐ Acknowledgment

☐ Certification   ☐ Oath/Affirmation

☐ Other _____

Document type: _____

Document date: _____ / _____ / _____

Identification

☐ Individual   ☐ Driver's License   ☐ Passport

☐ Credible Witness   ☐ Known Personally   ☐ ID Card

Thumb Print

☐ Other _____

ID#: _____

Issued by: _____

Issued on: _____ / _____ / _____

Expires on: _____ / _____ / _____

Individual

Name: (print)

Address:

Phone: (or email)

Signature:

Witness

Name: (print)

Address:

Phone: (or email)

Signature:

Notary Public Logbook Entry # 119

Date & Time: _____ / _____ / _____ _____ : _____ am/pm

Place:

Fee: $ _____

Travel: _____

Service

☐ Jurat   ☐ Acknowledgment

☐ Certification   ☐ Oath/Affirmation

☐ Other _____

Document type: _____

Document date: _____ / _____ / _____

Identification

☐ Individual

☐ Credible Witness

Thumb Print

☐ Driver's License   ☐ Passport

☐ Known Personally   ☐ ID Card

☐ Other _____

ID#: _____

Issued by: _____

Issued on: _____ / _____ / _____

Expires on: _____ / _____ / _____

Individual

Name:
(print)

Address:

Phone:
(or email)

Signature:

Witness

Name:
(print)

Address:

Phone:
(or email)

Signature:

Notary Public Logbook Entry # 120

Date & Time: _____ / _____ / _____ _____ : _____ am/pm

Place:

Fee: $ _____

Travel: _____

Service

☐ Jurat   ☐ Acknowledgment

☐ Certification ☐ Oath/Affirmation

☐ Other _____

Document type: _____

Document date: _____ / _____ / _____

Identification

☐ Individual   ☐ Driver's License   ☐ Passport

☐ Credible Witness   ☐ Known Personally   ☐ ID Card

Thumb Print   ☐ Other _____

ID#: _____

Issued by: _____

Issued on: _____ / _____ / _____

Expires on: _____ / _____ / _____

Individual

Name:
(print)

Address:

Phone:
(or email)

Signature:

Witness

Name:
(print)

Address:

Phone:
(or email)

Signature:

Notary Public Logbook Entry # 121

Date & Time: _____ / _____ / _____ _____ : _____ am/pm

Place:

Fee: $ _____

Travel: _____

Service

☐ Jurat   ☐ Acknowledgment

☐ Certification ☐ Oath/Affirmation

☐ Other _____

Document type: _____

Document date: _____ / _____ / _____

Identification

☐ Individual

☐ Credible Witness

Thumb Print

☐ Driver's License ☐ Passport

☐ Known Personally ☐ ID Card

☐ Other _____

ID#: _____

Issued by: _____

Issued on: _____ / _____ / _____

Expires on: _____ / _____ / _____

Individual

Name:
(print)

Address:

Phone:
(or email)

Signature:

Witness

Name:
(print)

Address:

Phone:
(or email)

Signature:

Notary Public Logbook Entry # 122

Date & Time: _____ / _____ / _____   _____ : _____ am/pm

Place:

Fee: $ _____

Travel: _____

Service

- [ ] Jurat
- [ ] Acknowledgment
- [ ] Certification
- [ ] Oath/Affirmation
- [ ] Other _____

Document type: _____

Document date: _____ / _____ / _____

Identification

- [ ] Individual
- [ ] Credible Witness
- [ ] Driver's License
- [ ] Passport
- [ ] Known Personally
- [ ] ID Card

Thumb Print

- [ ] Other _____

ID#: _____

Issued by: _____

Issued on: _____ / _____ / _____

Expires on: _____ / _____ / _____

Individual

Name:
(print)

Address:

Phone:
(or email)

Signature:

Witness

Name:
(print)

Address:

Phone:
(or email)

Signature:

Notary Public Logbook Entry # 123

Date & Time: _____ / _____ / _____   _____ : _____ am/pm

Place:

Fee: $ _____

Travel: _____

Service

☐ Jurat   ☐ Acknowledgment

☐ Certification ☐ Oath/Affirmation

☐ Other _____

Document type: _____

Document date: _____ / _____ / _____

Identification

☐ Individual

☐ Credible Witness

Thumb Print

☐ Driver's License   ☐ Passport

☐ Known Personally   ☐ ID Card

☐ Other _____

ID#: _____

Issued by: _____

Issued on: _____ / _____ / _____

Expires on: _____ / _____ / _____

Individual

Name:
(print)

Address:

Phone:
(or email)

Signature:

Witness

Name:
(print)

Address:

Phone:
(or email)

Signature:

Notary Public Logbook Entry # 124

Date & Time: _____ / _____ / _____   _____ : _____ am/pm

Place:

Fee: $ _____

Travel: _____

Individual

Name:
(print)

Address:

Phone:
(or email)

Signature:

Service

- [ ] Jurat
- [ ] Certification
- [ ] Acknowledgment
- [ ] Oath/Affirmation
- [ ] Other _____

Document type: _____

Document date: _____ / _____ / _____

Identification

- [ ] Individual
- [ ] Credible Witness

Thumb Print

- [ ] Driver's License
- [ ] Known Personally
- [ ] Passport
- [ ] ID Card
- [ ] Other _____

ID#: _____

Issued by: _____

Issued on: _____ / _____ / _____

Expires on: _____ / _____ / _____

Witness

Name:
(print)

Address:

Phone:
(or email)

Signature:

Notary Public Logbook Entry # 125

Date & Time: _____ / _____ / _____   _____ : _____ am/pm

Place:

Fee: $ _____

Travel: _____

Service

☐ Jurat   ☐ Acknowledgment

☐ Certification ☐ Oath/Affirmation

☐ Other _____

Document type: _____

Document date: _____ / _____ / _____

Identification

☐ Individual   ☐ Driver's License   ☐ Passport

☐ Credible Witness   ☐ Known Personally   ☐ ID Card

Thumb Print

☐ Other _____

ID#: _____

Issued by: _____

Issued on: _____ / _____ / _____

Expires on: _____ / _____ / _____

Individual

Name:
(print)

Address:

Phone:
(or email)

Signature:

Witness

Name:
(print)

Address:

Phone:
(or email)

Signature:

Notary Public Logbook Entry # 126

Date & Time: _____ / _____ / _____   _____ : _____ am/pm

Place: _____

Fee: $ _____

Travel: _____

Service

- [ ] Jurat
- [ ] Certification
- [ ] Acknowledgment
- [ ] Oath/Affirmation
- [ ] Other _____

Document type: _____

Document date: _____ / _____ / _____

Identification

- [ ] Individual
- [ ] Credible Witness

Thumb Print

- [ ] Driver's License
- [ ] Known Personally
- [ ] Passport
- [ ] ID Card
- [ ] Other _____

ID#: _____

Issued by: _____

Issued on: _____ / _____ / _____

Expires on: _____ / _____ / _____

Individual

Name: (print)

Address:

Phone: (or email)

Signature:

Witness

Name: (print)

Address:

Phone: (or email)

Signature:

Notary Public Logbook Entry # 127

Date & Time: _____ / _____ / _____   _____ : _____ am/pm

Place:

Fee: $ _____

Travel: _____

Service

☐ Jurat   ☐ Acknowledgment

☐ Certification   ☐ Oath/Affirmation

☐ Other _____

Document type: _____

Document date: _____ / _____ / _____

Identification

☐ Individual   ☐ Driver's License   ☐ Passport

☐ Credible Witness   ☐ Known Personally   ☐ ID Card

Thumb Print

☐ Other _____

ID#: _____

Issued by: _____

Issued on: _____ / _____ / _____

Expires on: _____ / _____ / _____

Individual

Name:
(print)

Address:

Phone:
(or email)

Signature:

Witness

Name:
(print)

Address:

Phone:
(or email)

Signature:

Notary Public Logbook Entry # 128

Date & Time: _____ / _____ / _____ _____ : _____ am/pm

Place:

Fee: $ _____

Travel: _____

Service

- [ ] Jurat
- [ ] Certification
- [ ] Other _____
- [ ] Acknowledgment
- [ ] Oath/Affirmation

Document type: _____

Document date: _____ / _____ / _____

Identification

- [ ] Individual
- [ ] Credible Witness

Thumb Print

- [ ] Driver's License
- [ ] Known Personally
- [ ] Passport
- [ ] ID Card
- [ ] Other _____

ID#: _____

Issued by: _____

Issued on: _____ / _____ / _____

Expires on: _____ / _____ / _____

Individual

Name:
(print)

Address:

Phone:
(or email)

Signature:

Witness

Name:
(print)

Address:

Phone:
(or email)

Signature:

Notary Public Logbook Entry # 129

Date & Time: _____ / _____ / _____ _____ : _____ am/pm

Place:

Fee: $ _____

Travel: _____

Service

☐ Jurat   ☐ Acknowledgment

☐ Certification   ☐ Oath/Affirmation

☐ Other _____

Document type: _____

Document date: _____ / _____ / _____

Identification

☐ Individual

☐ Credible Witness

Thumb Print

☐ Driver's License   ☐ Passport

☐ Known Personally   ☐ ID Card

☐ Other _____

ID#: _____

Issued by: _____

Issued on: _____ / _____ / _____

Expires on: _____ / _____ / _____

Individual

Name:
(print)

Address:

Phone:
(or email)

Signature:

Witness

Name:
(print)

Address:

Phone:
(or email)

Signature:

Notary Public Logbook Entry # 130

Date & Time: _____ / _____ / _____   _____ : _____ am/pm

Place:

Fee: $ _____

Travel: _____

Service

☐ Jurat   ☐ Acknowledgment

☐ Certification   ☐ Oath/Affirmation

☐ Other _____

Document type: _____

Document date: _____ / _____ / _____

Identification

☐ Individual
☐ Credible Witness

Thumb Print

☐ Driver's License   ☐ Passport
☐ Known Personally   ☐ ID Card

☐ Other _____

ID#: _____

Issued by: _____

Issued on: _____ / _____ / _____

Expires on: _____ / _____ / _____

Individual

Name:
(print)

Address:

Phone:
(or email)

Signature:

Witness

Name:
(print)

Address:

Phone:
(or email)

Signature:

Notary Public Logbook Entry # 131

Date & Time: _____ / _____ / _____   _____ : _____ am/pm

Place:

Fee: $ _____

Travel: _____

Service

☐ Jurat   ☐ Acknowledgment

☐ Certification   ☐ Oath/Affirmation

☐ Other _____

Document type: _____

Document date: _____ / _____ / _____

Identification

☐ Individual   ☐ Driver's License   ☐ Passport

☐ Credible Witness   ☐ Known Personally   ☐ ID Card

Thumb Print

☐ Other _____

ID#: _____

Issued by: _____

Issued on: _____ / _____ / _____

Expires on: _____ / _____ / _____

Individual

Name:
(print)

Address:

Phone:
(or email)

Signature:

Witness

Name:
(print)

Address:

Phone:
(or email)

Signature:

Notary Public Logbook Entry # 132

Date & Time: _____ / _____ / _____   _____ : _____ am/pm

Place:

Fee: $ _____

Travel: _____

Service

- [ ] Jurat
- [ ] Acknowledgment
- [ ] Certification
- [ ] Oath/Affirmation
- [ ] Other _____

Document type: _____

Document date: _____ / _____ / _____

Identification

- [ ] Individual
- [ ] Credible Witness

Thumb Print

- [ ] Driver's License
- [ ] Passport
- [ ] Known Personally
- [ ] ID Card
- [ ] Other _____

ID#: _____

Issued by: _____

Issued on: _____ / _____ / _____

Expires on: _____ / _____ / _____

Individual

Name:
(print)

Address:

Phone:
(or email)

Signature:

Witness

Name:
(print)

Address:

Phone:
(or email)

Signature:

Notary Public Logbook Entry # 133

Date & Time: _____ / _____ / _____ _____ : _____ am/pm

Place:

Fee: $ _____

Travel: _____

Service

- [ ] Jurat
- [ ] Certification
- [ ] Acknowledgment
- [ ] Oath/Affirmation
- [ ] Other _____

Document type: _____

Document date: _____ / _____ / _____

Identification

- [ ] Individual
- [ ] Credible Witness

Thumb Print

- [ ] Driver's License
- [ ] Known Personally
- [ ] Passport
- [ ] ID Card
- [ ] Other _____

ID#: _____

Issued by: _____

Issued on: _____ / _____ / _____

Expires on: _____ / _____ / _____

Individual

Name:
(print)

Address:

Phone:
(or email)

Signature:

Witness

Name:
(print)

Address:

Phone:
(or email)

Signature:

Notary Public Logbook Entry # 134

Date & Time: _____ / _____ / _____   _____ : _____ am/pm

Place: _____   Fee: $ _____

Travel: _____

Service

- [ ] Jurat
- [ ] Acknowledgment
- [ ] Certification
- [ ] Oath/Affirmation
- [ ] Other _____

Document type: _____

Document date: _____ / _____ / _____

Identification

- [ ] Individual
- [ ] Credible Witness

Thumb Print

- [ ] Driver's License
- [ ] Passport
- [ ] Known Personally
- [ ] ID Card
- [ ] Other _____

ID#: _____

Issued by: _____

Issued on: _____ / _____ / _____

Expires on: _____ / _____ / _____

Individual

Name:
(print)

Address:

Phone:
(or email)

Signature:

Witness

Name:
(print)

Address:

Phone:
(or email)

Signature:

Notary Public Logbook Entry # 135

Date & Time: _____ / _____ / _____ _____ : _____ am/pm

Place: _____

Fee: $ _____

Travel: _____

Service

☐ Jurat   ☐ Acknowledgment

☐ Certification   ☐ Oath/Affirmation

☐ Other _____

Document type: _____

Document date: _____ / _____ / _____

Individual

Name:
(print)

Address:

Phone:
(or email)

Signature:

Identification

☐ Individual   ☐ Driver's License   ☐ Passport

☐ Credible Witness   ☐ Known Personally   ☐ ID Card

Thumb Print

☐ Other _____

ID#: _____

Issued by: _____

Issued on: _____ / _____ / _____

Expires on: _____ / _____ / _____

Witness

Name:
(print)

Address:

Phone:
(or email)

Signature:

Notary Public Logbook Entry # 136

Date & Time: _____ / _____ / _____   _____ : _____ am/pm

Place:

Fee: $ _____

Travel: _____

Service

☐ Jurat   ☐ Acknowledgment

☐ Certification   ☐ Oath/Affirmation

☐ Other _____

Document type: _____

Document date: _____ / _____ / _____

Identification

☐ Individual

☐ Credible Witness

☐ Driver's License   ☐ Passport

☐ Known Personally   ☐ ID Card

Thumb Print

☐ Other _____

ID#: _____

Issued by: _____

Issued on: _____ / _____ / _____

Expires on: _____ / _____ / _____

Individual

Name:
(print)

Address:

Phone:
(or email)

Signature:

Witness

Name:
(print)

Address:

Phone:
(or email)

Signature:

Notary Public Logbook Entry # 137

Date & Time: _____ / _____ / _____   _____ : _____ am/pm

Place: _____

Fee: $ _____

Travel: _____

Service

☐ Jurat   ☐ Acknowledgment

☐ Certification   ☐ Oath/Affirmation

☐ Other _____

Document type: _____

Document date: _____ / _____ / _____

Identification

☐ Individual   ☐ Driver's License   ☐ Passport

☐ Credible Witness ☐ Known Personally   ☐ ID Card

Thumb Print

☐ Other _____

ID#: _____

Issued by: _____

Issued on: _____ / _____ / _____

Expires on: _____ / _____ / _____

Individual

Name:
(print)

Address:

Phone:
(or email)

Signature:

Witness

Name:
(print)

Address:

Phone:
(or email)

Signature:

Notary Public Logbook Entry # 138

Date & Time: _____ / _____ / _____   _____ : _____ am/pm

Place: _____

Fee: $ _____

Travel: _____

Service

☐ Jurat   ☐ Acknowledgment

☐ Certification   ☐ Oath/Affirmation

☐ Other _____

Document type: _____

Document date: _____ / _____ / _____

Identification

☐ Individual

☐ Credible Witness

Thumb Print

☐ Driver's License   ☐ Passport

☐ Known Personally   ☐ ID Card

☐ Other _____

ID#: _____

Issued by: _____

Issued on: _____ / _____ / _____

Expires on: _____ / _____ / _____

Individual

Name:
(print)

Address:

Phone:
(or email)

Signature:

Witness

Name:
(print)

Address:

Phone:
(or email)

Signature:

Notary Public Logbook Entry # 139

Date & Time: _____ / _____ / _____ _____ : _____ am/pm

Place:

Fee: $ _____

Travel: _____

Service

- [ ] Jurat
- [ ] Certification
- [ ] Acknowledgment
- [ ] Oath/Affirmation
- [ ] Other _____

Document type: _____

Document date: _____ / _____ / _____

Identification

- [ ] Individual
- [ ] Credible Witness

Thumb Print

- [ ] Driver's License
- [ ] Known Personally
- [ ] Passport
- [ ] ID Card
- [ ] Other _____

ID#: _____

Issued by: _____

Issued on: _____ / _____ / _____

Expires on: _____ / _____ / _____

Individual

Name:
(print)

Address:

Phone:
(or email)

Signature:

Witness

Name:
(print)

Address:

Phone:
(or email)

Signature:

Notary Public Logbook Entry # 140

Date & Time: _____ / _____ / _____ _____ : _____ am/pm

Place:

Fee: $ _____

Travel: _____

Service

- [ ] Jurat
- [ ] Acknowledgment
- [ ] Certification
- [ ] Oath/Affirmation
- [ ] Other _____

Document type: _____

Document date: _____ / _____ / _____

Identification

- [ ] Individual
- [ ] Credible Witness

Thumb Print

- [ ] Driver's License
- [ ] Passport
- [ ] Known Personally
- [ ] ID Card
- [ ] Other _____

ID#: _____

Issued by: _____

Issued on: _____ / _____ / _____

Expires on: _____ / _____ / _____

Individual

Name:
(print)

Address:

Phone:
(or email)

Signature:

Witness

Name:
(print)

Address:

Phone:
(or email)

Signature:

Notary Public Logbook Entry # 141

Date & Time: _____ / _____ / _____ _____ : _____ am/pm

Place: _____

Fee: $ _____

Travel: _____

Service

☐ Jurat ☐ Acknowledgment

☐ Certification ☐ Oath/Affirmation

☐ Other _____

Document type: _____

Document date: _____ / _____ / _____

Identification

☐ Individual

☐ Credible Witness

Thumb Print

☐ Driver's License ☐ Passport

☐ Known Personally ☐ ID Card

☐ Other _____

ID#: _____

Issued by: _____

Issued on: _____ / _____ / _____

Expires on: _____ / _____ / _____

Individual

Name:
(print)

Address:

Phone:
(or email)

Signature:

Witness

Name:
(print)

Address:

Phone:
(or email)

Signature:

Notary Public Logbook Entry # 142

Date & Time: _____ / _____ / _____   _____ : _____ am/pm

Place:

Fee: $ _____

Travel: _____

Service

☐ Jurat   ☐ Acknowledgment

☐ Certification   ☐ Oath/Affirmation

☐ Other _____

Document type: _____

Document date: _____ / _____ / _____

Identification

☐ Individual

☐ Credible Witness

Thumb Print

☐ Driver's License   ☐ Passport

☐ Known Personally   ☐ ID Card

☐ Other _____

ID#: _____

Issued by: _____

Issued on: _____ / _____ / _____

Expires on: _____ / _____ / _____

Individual

Name:
(print)

Address:

Phone:
(or email)

Signature:

Witness

Name:
(print)

Address:

Phone:
(or email)

Signature:

Notary Public Logbook Entry # 143

Date & Time: _____ / _____ / _____   _____ : _____ am/pm

Place:

Fee: $ _____

Travel: _____

Service

- [ ] Jurat
- [ ] Certification
- [ ] Acknowledgment
- [ ] Oath/Affirmation
- [ ] Other _____

Document type: _____

Document date: _____ / _____ / _____

Identification

- [ ] Individual
- [ ] Credible Witness

Thumb Print

- [ ] Driver's License
- [ ] Passport
- [ ] Known Personally
- [ ] ID Card
- [ ] Other _____

ID#: _____

Issued by: _____

Issued on: _____ / _____ / _____

Expires on: _____ / _____ / _____

Individual

Name:
(print)

Address:

Phone:
(or email)

Signature:

Witness

Name:
(print)

Address:

Phone:
(or email)

Signature:

Notary Public Logbook Entry # 144

Date & Time: _____ / _____ / _____   _____ : _____ am/pm

Place:

Fee: $ _____

Travel: _____

Service

☐ Jurat   ☐ Acknowledgment

☐ Certification   ☐ Oath/Affirmation

☐ Other _____

Document type: _____

Document date: _____ / _____ / _____

Identification

☐ Individual

☐ Credible Witness

Thumb Print

☐ Driver's License   ☐ Passport

☐ Known Personally   ☐ ID Card

☐ Other _____

ID#: _____

Issued by: _____

Issued on: _____ / _____ / _____

Expires on: _____ / _____ / _____

Individual

Name:
(print)

Address:

Phone:
(or email)

Signature:

Witness

Name:
(print)

Address:

Phone:
(or email)

Signature:

Notary Public Logbook Entry # 145

Date & Time: _____ / _____ / _____   _____ : _____ am/pm

Place:

Fee: $ _____

Travel: _____

Service

☐ Jurat ☐ Acknowledgment

☐ Certification ☐ Oath/Affirmation

☐ Other _____

Document type: _____

Document date: _____ / _____ / _____

Identification

☐ Individual

☐ Credible Witness

☐ Driver's License ☐ Passport

☐ Known Personally ☐ ID Card

☐ Other _____

Thumb Print

ID#: _____

Issued by: _____

Issued on: _____ / _____ / _____

Expires on: _____ / _____ / _____

Individual

Name: (print)

Address:

Phone: (or email)

Signature:

Witness

Name: (print)

Address:

Phone: (or email)

Signature:

Notary Public Logbook Entry # 146

Date & Time: _____ / _____ / _____   _____ : _____ am/pm

Place:

Fee: $ _____

Travel: _____

Service

- [ ] Jurat
- [ ] Acknowledgment
- [ ] Certification
- [ ] Oath/Affirmation
- [ ] Other _____

Document type: _____

Document date: _____ / _____ / _____

Identification

- [ ] Individual
- [ ] Credible Witness
- [ ] Driver's License
- [ ] Passport
- [ ] Known Personally
- [ ] ID Card
- [ ] Other _____

Thumb Print

ID#: _____

Issued by: _____

Issued on: _____ / _____ / _____

Expires on: _____ / _____ / _____

Individual

Name:
(print)

Address:

Phone:
(or email)

Signature:

Witness

Name:
(print)

Address:

Phone:
(or email)

Signature:

Notary Public Logbook Entry # 147

Date & Time: _____ / _____ / _____   _____ : _____ am/pm

Place:

Fee: $ _____

Travel: _____

Service

- [ ] Jurat
- [ ] Certification
- [ ] Acknowledgment
- [ ] Oath/Affirmation
- [ ] Other _____

Document type: _____

Document date: _____ / _____ / _____

Identification

- [ ] Individual
- [ ] Credible Witness

Thumb Print

- [ ] Driver's License
- [ ] Known Personally
- [ ] Passport
- [ ] ID Card
- [ ] Other _____

ID#: _____

Issued by: _____

Issued on: _____ / _____ / _____

Expires on: _____ / _____ / _____

Individual

Name:
(print)

Address:

Phone:
(or email)

Signature:

Witness

Name:
(print)

Address:

Phone:
(or email)

Signature:

Notary Public Logbook Entry # 148

Date & Time: _____ / _____ / _____ _____ : _____ am/pm

Place:

Fee: $ _____

Travel: _____

Service

- [ ] Jurat
- [ ] Acknowledgment
- [ ] Certification
- [ ] Oath/Affirmation
- [ ] Other _____

Document type: _____

Document date: _____ / _____ / _____

Identification

- [ ] Individual
- [ ] Credible Witness

Thumb Print

- [ ] Driver's License
- [ ] Passport
- [ ] Known Personally
- [ ] ID Card
- [ ] Other _____

ID#: _____

Issued by: _____

Issued on: _____ / _____ / _____

Expires on: _____ / _____ / _____

Individual

Name:
(print)

Address:

Phone:
(or email)

Signature:

Witness

Name:
(print)

Address:

Phone:
(or email)

Signature:

Notary Public Logbook Entry # 149

Date & Time: _____ / _____ / _____ _____ : _____ am/pm

Place:

Fee: $ _____

Travel: _____

Service

- [ ] Jurat
- [ ] Certification
- [ ] Acknowledgment
- [ ] Oath/Affirmation
- [ ] Other _____

Document type: _____

Document date: _____ / _____ / _____

Identification

- [ ] Individual
- [ ] Credible Witness

Thumb Print

- [ ] Driver's License
- [ ] Known Personally
- [ ] Passport
- [ ] ID Card
- [ ] Other _____

ID#: _____

Issued by: _____

Issued on: _____ / _____ / _____

Expires on: _____ / _____ / _____

Individual

Name:
(print)

Address:

Phone:
(or email)

Signature:

Witness

Name:
(print)

Address:

Phone:
(or email)

Signature:

Notary Public Logbook Entry # 150

Date & Time: _____ / _____ / _____   _____ : _____ am/pm

Place:

Fee: $ _____

Travel: _____

Service

- [ ] Jurat
- [ ] Acknowledgment
- [ ] Certification
- [ ] Oath/Affirmation
- [ ] Other _____

Document type: _____

Document date: _____ / _____ / _____

Identification

- [ ] Individual
- [ ] Credible Witness

Thumb Print

- [ ] Driver's License
- [ ] Passport
- [ ] Known Personally
- [ ] ID Card
- [ ] Other _____

ID#: _____

Issued by: _____

Issued on: _____ / _____ / _____

Expires on: _____ / _____ / _____

Individual

Name:
(print)

Address:

Phone:
(or email)

Signature:

Witness

Name:
(print)

Address:

Phone:
(or email)

Signature:

Notary Public Logbook Entry # 151

Date & Time: _____ / _____ / _____   _____ : _____ am/pm

Place:

Fee: $ _____

Travel: _____

Service

☐ Jurat   ☐ Acknowledgment

☐ Certification ☐ Oath/Affirmation

☐ Other _____

Document type: _____

Document date: _____ / _____ / _____

Identification

☐ Individual   ☐ Driver's License   ☐ Passport

☐ Credible Witness ☐ Known Personally   ☐ ID Card

Thumb Print   ☐ Other _____

ID#: _____

Issued by: _____

Issued on: _____ / _____ / _____

Expires on: _____ / _____ / _____

Individual

Name:
(print)

Address:

Phone:
(or email)

Signature:

Witness

Name:
(print)

Address:

Phone:
(or email)

Signature:

Notary Public Logbook Entry # 152

Date & Time: _____ / _____ / _____   _____ : _____ am/pm

Place:

Fee: $ _____

Travel: _____

Service

☐ Jurat

☐ Acknowledgment

☐ Certification

☐ Oath/Affirmation

☐ Other _____

Document type: _____

Document date: _____ / _____ / _____

Identification

☐ Individual

☐ Credible Witness

☐ Driver's License   ☐ Passport

☐ Known Personally   ☐ ID Card

Thumb Print

☐ Other _____

ID#: _____

Issued by: _____

Issued on: _____ / _____ / _____

Expires on: _____ / _____ / _____

Individual

Name:
(print)

Address:

Phone:
(or email)

Signature:

Witness

Name:
(print)

Address:

Phone:
(or email)

Signature:

Notary Public Logbook Entry # 153

Date & Time: _____ / _____ / _____ _____ : _____ am/pm

Place:

Fee: $ _____

Travel: _____

Service

- [ ] Jurat
- [ ] Certification
- [ ] Acknowledgment
- [ ] Oath/Affirmation
- [ ] Other _____

Document type: _____

Document date: _____ / _____ / _____

Identification

- [ ] Individual
- [ ] Credible Witness

Thumb Print

- [ ] Driver's License
- [ ] Known Personally
- [ ] Passport
- [ ] ID Card
- [ ] Other _____

ID#: _____

Issued by: _____

Issued on: _____ / _____ / _____

Expires on: _____ / _____ / _____

Individual

Name: (print)

Address:

Phone: (or email)

Signature:

Witness

Name: (print)

Address:

Phone: (or email)

Signature:

Notary Public Logbook Entry # 154

Date & Time: _____ / _____ / _____ _____ : _____ am/pm

Place:

Fee: $ _____

Travel: _____

Service

☐ Jurat   ☐ Acknowledgment

☐ Certification   ☐ Oath/Affirmation

☐ Other _____

Document type: _____

Document date: _____ / _____ / _____

Identification

☐ Individual   ☐ Driver's License   ☐ Passport

☐ Credible Witness   ☐ Known Personally   ☐ ID Card

Thumb Print   ☐ Other _____

ID#: _____

Issued by: _____

Issued on: _____ / _____ / _____

Expires on: _____ / _____ / _____

Individual

Name:
(print)

Address:

Phone:
(or email)

Signature:

Witness

Name:
(print)

Address:

Phone:
(or email)

Signature:

Notary Public Logbook Entry # 155

Date & Time: _____ / _____ / _____   _____ : _____ am/pm

Place:

Fee: $ _____

Travel: _____

Service

☐ Jurat   ☐ Acknowledgment

☐ Certification ☐ Oath/Affirmation

☐ Other _____

Document type: _____

Document date: _____ / _____ / _____

Identification

☐ Individual   ☐ Driver's License ☐ Passport

☐ Credible Witness   ☐ Known Personally ☐ ID Card

Thumb Print   ☐ Other _____

ID#: _____

Issued by: _____

Issued on: _____ / _____ / _____

Expires on: _____ / _____ / _____

Individual

Name:
(print)

Address:

Phone:
(or email)

Signature:

Witness

Name:
(print)

Address:

Phone:
(or email)

Signature:

Notary Public Logbook Entry # 156

Date & Time: _____ / _____ / _____   _____ : _____ am/pm

Place:

Fee: $ _____

Travel: _____

Service

- [ ] Jurat
- [ ] Acknowledgment
- [ ] Certification
- [ ] Oath/Affirmation
- [ ] Other _____

Document type: _____

Document date: _____ / _____ / _____

Identification

- [ ] Individual
- [ ] Credible Witness
- [ ] Driver's License
- [ ] Passport
- [ ] Known Personally
- [ ] ID Card

Thumb Print

- [ ] Other _____

ID#: _____

Issued by: _____

Issued on: _____ / _____ / _____

Expires on: _____ / _____ / _____

Individual

Name:
(print)

Address:

Phone:
(or email)

Signature:

Witness

Name:
(print)

Address:

Phone:
(or email)

Signature:

Notary Public Logbook Entry # 157

Date & Time: _____ / _____ / _____ _____ : _____ am/pm

Place: _____

Fee: $ _____

Travel: _____

Service

- [ ] Jurat
- [ ] Acknowledgment
- [ ] Certification
- [ ] Oath/Affirmation
- [ ] Other _____

Document type: _____

Document date: _____ / _____ / _____

Identification

- [ ] Individual
- [ ] Credible Witness

Thumb Print

- [ ] Driver's License
- [ ] Passport
- [ ] Known Personally
- [ ] ID Card
- [ ] Other _____

ID#: _____

Issued by: _____

Issued on: _____ / _____ / _____

Expires on: _____ / _____ / _____

Individual

Name:
(print)

Address:

Phone:
(or email)

Signature:

Witness

Name:
(print)

Address:

Phone:
(or email)

Signature:

Notary Public Logbook Entry # 158

Date & Time: _____ / _____ / _____   _____ : _____ am/pm

Place:

Fee: $ _____

Travel: _____

Individual

Name:
(print)

Address:

Phone:
(or email)

Signature:

Service

☐ Jurat   ☐ Acknowledgment

☐ Certification   ☐ Oath/Affirmation

☐ Other _____

Document type: _____

Document date: _____ / _____ / _____

Identification

☐ Individual
☐ Credible Witness

Thumb Print

☐ Driver's License   ☐ Passport

☐ Known Personally   ☐ ID Card

☐ Other _____

ID#: _____

Issued by: _____

Issued on: _____ / _____ / _____

Expires on: _____ / _____ / _____

Witness

Name:
(print)

Address:

Phone:
(or email)

Signature:

Notary Public Logbook Entry # 159

Date & Time: _____ / _____ / _____   _____ : _____ am/pm

Place:

Fee: $ _____

Travel: _____

Service

- [ ] Jurat
- [ ] Certification
- [ ] Acknowledgment
- [ ] Oath/Affirmation
- [ ] Other _____

Document type: _____

Document date: _____ / _____ / _____

Identification

- [ ] Individual
- [ ] Credible Witness

- [ ] Driver's License
- [ ] Known Personally
- [ ] Passport
- [ ] ID Card

- [ ] Other _____

Thumb Print

ID#: _____

Issued by: _____

Issued on: _____ / _____ / _____

Expires on: _____ / _____ / _____

Individual

Name:
(print)

Address:

Phone:
(or email)

Signature:

Witness

Name:
(print)

Address:

Phone:
(or email)

Signature:

Notary Public Logbook Entry # 160

Date & Time: _____ / _____ / _____ _____ : _____ am/pm

Place:

Fee: $ _____

Travel: _____

Service

☐ Jurat ☐ Acknowledgment

☐ Certification ☐ Oath/Affirmation

☐ Other _____

Document type: _____

Document date: _____ / _____ / _____

Identification

☐ Individual

☐ Credible Witness

Thumb Print

☐ Driver's License ☐ Passport

☐ Known Personally ☐ ID Card

☐ Other _____

ID#: _____

Issued by: _____

Issued on: _____ / _____ / _____

Expires on: _____ / _____ / _____

Individual

Name:
(print)

Address:

Phone:
(or email)

Signature:

Witness

Name:
(print)

Address:

Phone:
(or email)

Signature:

Notary Public Logbook Entry # 161

Date & Time: _____ / _____ / _____   _____ : _____ am/pm

Place: _____

Fee: $ _____

Travel: _____

Service

- [ ] Jurat
- [ ] Acknowledgment
- [ ] Certification
- [ ] Oath/Affirmation
- [ ] Other _____

Document type: _____

Document date: _____ / _____ / _____

Identification

- [ ] Individual
- [ ] Credible Witness

- [ ] Driver's License
- [ ] Passport
- [ ] Known Personally
- [ ] ID Card

Thumb Print

- [ ] Other _____

ID#: _____

Issued by: _____

Issued on: _____ / _____ / _____

Expires on: _____ / _____ / _____

Individual

Name: (print) _____

Address: _____

Phone: (or email) _____

Signature: _____

Witness

Name: (print) _____

Address: _____

Phone: (or email) _____

Signature: _____

Notary Public Logbook Entry # 162

Date & Time: _____ / _____ / _____   _____ : _____ am/pm

Place:

Fee: $ _____

Travel: _____

Service

- [ ] Jurat
- [ ] Certification
- [ ] Acknowledgment
- [ ] Oath/Affirmation
- [ ] Other _____

Document type: _____

Document date: _____ / _____ / _____

Identification

- [ ] Individual
- [ ] Credible Witness

Thumb Print

- [ ] Driver's License
- [ ] Known Personally
- [ ] Passport
- [ ] ID Card
- [ ] Other _____

ID#: _____

Issued by: _____

Issued on: _____ / _____ / _____

Expires on: _____ / _____ / _____

Individual

Name:
(print)

Address:

Phone:
(or email)

Signature:

Witness

Name:
(print)

Address:

Phone:
(or email)

Signature:

Notary Public Logbook Entry # 163

Date & Time: _____ / _____ / _____   _____ : _____ am/pm

Place:

Fee: $ _____

Travel: _____

Service

- [ ] Jurat
- [ ] Certification
- [ ] Acknowledgment
- [ ] Oath/Affirmation
- [ ] Other _____

Document type: _____

Document date: _____ / _____ / _____

Identification

- [ ] Individual
- [ ] Credible Witness

Thumb Print

- [ ] Driver's License
- [ ] Known Personally
- [ ] Passport
- [ ] ID Card
- [ ] Other _____

ID#: _____

Issued by: _____

Issued on: _____ / _____ / _____

Expires on: _____ / _____ / _____

Individual

Name:
(print)

Address:

Phone:
(or email)

Signature:

Witness

Name:
(print)

Address:

Phone:
(or email)

Signature:

Notary Public Logbook Entry # 164

Date & Time: _____ / _____ / _____ _____ : _____ am/pm

Place:

Fee: $ _____

Travel: _____

Service

☐ Jurat ☐ Acknowledgment

☐ Certification ☐ Oath/Affirmation

☐ Other _____

Document type: _____

Document date: _____ / _____ / _____

Identification

☐ Individual

☐ Credible Witness

Thumb Print

☐ Driver's License ☐ Passport

☐ Known Personally ☐ ID Card

☐ Other _____

ID#: _____

Issued by: _____

Issued on: _____ / _____ / _____

Expires on: _____ / _____ / _____

Individual

Name:
(print)

Address:

Phone:
(or email)

Signature:

Witness

Name:
(print)

Address:

Phone:
(or email)

Signature:

Notary Public Logbook Entry # 165

Date & Time: _____ / _____ / _____ _____ : _____ am/pm

Place:

Fee: $ _____

Travel: _____

Service

☐ Jurat ☐ Acknowledgment

☐ Certification ☐ Oath/Affirmation

☐ Other _____

Document type: _____

Document date: _____ / _____ / _____

Identification

☐ Individual

☐ Credible Witness

Thumb Print

☐ Driver's License ☐ Passport

☐ Known Personally ☐ ID Card

☐ Other _____

ID#: _____

Issued by: _____

Issued on: _____ / _____ / _____

Expires on: _____ / _____ / _____

Individual

Name:
(print)

Address:

Phone:
(or email)

Signature:

Witness

Name:
(print)

Address:

Phone:
(or email)

Signature:

Notary Public Logbook Entry # 166

Date & Time: _____ / _____ / _____   _____ : _____ am/pm

Place:

Fee: $ _____

Travel: _____

Service

- [ ] Jurat
- [ ] Certification
- [ ] Acknowledgment
- [ ] Oath/Affirmation
- [ ] Other _____

Document type: _____

Document date: _____ / _____ / _____

Identification

- [ ] Individual
- [ ] Credible Witness

Thumb Print

- [ ] Driver's License
- [ ] Passport
- [ ] Known Personally
- [ ] ID Card
- [ ] Other _____

ID#: _____

Issued by: _____

Issued on: _____ / _____ / _____

Expires on: _____ / _____ / _____

Individual

Name:
(print)

Address:

Phone:
(or email)

Signature:

Witness

Name:
(print)

Address:

Phone:
(or email)

Signature:

Notary Public Logbook Entry # 167

Date & Time: _____ / _____ / _____   _____ : _____ am/pm

Place:

Fee: $ _____

Travel: _____

Service

☐ Jurat ☐ Acknowledgment

☐ Certification ☐ Oath/Affirmation

☐ Other _____

Document type: _____

Document date: _____ / _____ / _____

Identification

☐ Individual

☐ Credible Witness

Thumb Print

☐ Driver's License ☐ Passport

☐ Known Personally ☐ ID Card

☐ Other _____

ID#: _____

Issued by: _____

Issued on: _____ / _____ / _____

Expires on: _____ / _____ / _____

Individual

Name:
(print)

Address:

Phone:
(or email)

Signature:

Witness

Name:
(print)

Address:

Phone:
(or email)

Signature:

Notary Public Logbook Entry # 168

Date & Time: _____ / _____ / _____   _____ : _____ am/pm

Place:

Fee: $ _____

Travel: _____

Service

☐ Jurat   ☐ Acknowledgment

☐ Certification   ☐ Oath/Affirmation

☐ Other _____

Document type: _____

Document date: _____ / _____ / _____

Identification

☐ Individual   ☐ Driver's License   ☐ Passport

☐ Credible Witness   ☐ Known Personally   ☐ ID Card

Thumb Print

☐ Other _____

ID#: _____

Issued by: _____

Issued on: _____ / _____ / _____

Expires on: _____ / _____ / _____

Individual

Name:
(print)

Address:

Phone:
(or email)

Signature:

Witness

Name:
(print)

Address:

Phone:
(or email)

Signature:

Notary Public Logbook Entry # 169

Date & Time: _____ / _____ / _____ _____ : _____ am/pm

Place:

Fee: $ _____

Travel: _____

Service

☐ Jurat ☐ Acknowledgment

☐ Certification ☐ Oath/Affirmation

☐ Other _____

Document type: _____

Document date: _____ / _____ / _____

Identification

☐ Individual

☐ Credible Witness

Thumb Print

☐ Driver's License ☐ Passport

☐ Known Personally ☐ ID Card

☐ Other _____

ID#: _____

Issued by: _____

Issued on: _____ / _____ / _____

Expires on: _____ / _____ / _____

Individual

Name:
(print)

Address:

Phone:
(or email)

Signature:

Witness

Name:
(print)

Address:

Phone:
(or email)

Signature:

Notary Public Logbook Entry # 170

Date & Time: _____ / _____ / _____ _____ : _____ am/pm

Place:

Fee: $ _____

Travel: _____

Service

☐ Jurat ☐ Acknowledgment

☐ Certification ☐ Oath/Affirmation

☐ Other _____

Document type: _____

Document date: _____ / _____ / _____

Identification

☐ Individual

☐ Credible Witness

Thumb Print

☐ Driver's License ☐ Passport

☐ Known Personally ☐ ID Card

☐ Other _____

ID#: _____

Issued by: _____

Issued on: _____ / _____ / _____

Expires on: _____ / _____ / _____

Individual

Name:
(print)

Address:

Phone:
(or email)

Signature:

Witness

Name:
(print)

Address:

Phone:
(or email)

Signature:

Notary Public Logbook Entry # 171

Date & Time: _____ / _____ / _____   _____ : _____ am/pm

Place: _____

Fee: $ _____

Travel: _____

Service

☐ Jurat   ☐ Acknowledgment

☐ Certification ☐ Oath/Affirmation

☐ Other _____

Document type: _____

Document date: _____ / _____ / _____

Identification

☐ Individual   ☐ Driver's License   ☐ Passport

☐ Credible Witness   ☐ Known Personally   ☐ ID Card

Thumb Print

☐ Other _____

ID#: _____

Issued by: _____

Issued on: _____ / _____ / _____

Expires on: _____ / _____ / _____

Individual

Name:
(print)

Address:

Phone:
(or email)

Signature:

Witness

Name:
(print)

Address:

Phone:
(or email)

Signature:

Notary Public Logbook Entry # 172

Date & Time: _____ / _____ / _____   _____ : _____ am/pm

Place:

Fee: $ _____

Travel: _____

Service

- [ ] Jurat
- [ ] Acknowledgment
- [ ] Certification
- [ ] Oath/Affirmation
- [ ] Other _____

Document type: _____

Document date: _____ / _____ / _____

Identification

- [ ] Individual
- [ ] Credible Witness

Thumb Print

- [ ] Driver's License
- [ ] Passport
- [ ] Known Personally
- [ ] ID Card
- [ ] Other _____

ID#: _____

Issued by: _____

Issued on: _____ / _____ / _____

Expires on: _____ / _____ / _____

Individual

Name:
(print)

Address:

Phone:
(or email)

Signature:

Witness

Name:
(print)

Address:

Phone:
(or email)

Signature:

Notary Public Logbook Entry # 173

Date & Time: _____ / _____ / _____   _____ : _____ am/pm

Place:

Fee: $ _____

Travel: _____

Service

☐ Jurat   ☐ Acknowledgment

☐ Certification   ☐ Oath/Affirmation

☐ Other _____

Document type: _____

Document date: _____ / _____ / _____

Identification

☐ Individual

☐ Credible Witness

☐ Driver's License   ☐ Passport

☐ Known Personally   ☐ ID Card

☐ Other _____

ID#: _____

Issued by: _____

Issued on: _____ / _____ / _____

Expires on: _____ / _____ / _____

Thumb Print

Individual

Name:
(print)

Address:

Phone:
(or email)

Signature:

Witness

Name:
(print)

Address:

Phone:
(or email)

Signature:

Notary Public Logbook Entry # 174

Date & Time: _____ / _____ / _____   _____ : _____ am/pm

Place:

Fee: $ _____

Travel: _____

Service

☐ Jurat   ☐ Acknowledgment

☐ Certification   ☐ Oath/Affirmation

☐ Other _____

Document type: _____

Document date: _____ / _____ / _____

Identification

☐ Individual

☐ Credible Witness

Thumb Print

☐ Driver's License   ☐ Passport

☐ Known Personally   ☐ ID Card

☐ Other _____

ID#: _____

Issued by: _____

Issued on: _____ / _____ / _____

Expires on: _____ / _____ / _____

Individual

Name:
(print)

Address:

Phone:
(or email)

Signature:

Witness

Name:
(print)

Address:

Phone:
(or email)

Signature:

Notary Public Logbook Entry # 175

Date & Time: _____ / _____ / _____   _____ : _____ am/pm

Place:

Fee: $ _____

Travel: _____

Service

☐ Jurat   ☐ Acknowledgment
☐ Certification ☐ Oath/Affirmation

☐ Other _____

Document type: _____

Document date: _____ / _____ / _____

Identification

☐ Individual
☐ Credible Witness

Thumb Print

☐ Driver's License ☐ Passport
☐ Known Personally ☐ ID Card

☐ Other _____

ID#: _____

Issued by: _____

Issued on: _____ / _____ / _____

Expires on: _____ / _____ / _____

Individual

Name:
(print)

Address:

Phone:
(or email)

Signature:

Witness

Name:
(print)

Address:

Phone:
(or email)

Signature:

Notary Public Logbook Entry # 176

Date & Time: _____ / _____ / _____   _____ : _____ am/pm

Place:

Fee: $ _____

Travel: _____

Service

☐ Jurat   ☐ Acknowledgment

☐ Certification   ☐ Oath/Affirmation

☐ Other _____

Document type: _____

Document date: _____ / _____ / _____

Identification

☐ Individual

☐ Credible Witness

Thumb Print

☐ Driver's License   ☐ Passport

☐ Known Personally   ☐ ID Card

☐ Other _____

ID#: _____

Issued by: _____

Issued on: _____ / _____ / _____

Expires on: _____ / _____ / _____

Individual

Name:
(print)

Address:

Phone:
(or email)

Signature:

Witness

Name:
(print)

Address:

Phone:
(or email)

Signature:

Notary Public Logbook Entry # 177

Date & Time: _____ / _____ / _____   _____ : _____ am/pm

Place: _____

Fee: $ _____

Travel: _____

Service

- [ ] Jurat
- [ ] Acknowledgment
- [ ] Certification
- [ ] Oath/Affirmation
- [ ] Other _____

Document type: _____

Document date: _____ / _____ / _____

Identification

- [ ] Individual
- [ ] Credible Witness

Thumb Print

- [ ] Driver's License
- [ ] Passport
- [ ] Known Personally
- [ ] ID Card
- [ ] Other _____

ID#: _____

Issued by: _____

Issued on: _____ / _____ / _____

Expires on: _____ / _____ / _____

Individual

Name:
(print)

Address:

Phone:
(or email)

Signature:

Witness

Name:
(print)

Address:

Phone:
(or email)

Signature:

Notary Public Logbook Entry # 178

Date & Time: _____ / _____ / _____   _____ : _____ am/pm

Place:

Fee: $ _____

Travel: _____

Service

☐ Jurat   ☐ Acknowledgment

☐ Certification ☐ Oath/Affirmation

☐ Other _____

Document type: _____

Document date: _____ / _____ / _____

Identification

☐ Individual
☐ Credible Witness

Thumb Print

☐ Driver's License   ☐ Passport

☐ Known Personally   ☐ ID Card

☐ Other _____

ID#: _____

Issued by: _____

Issued on: _____ / _____ / _____

Expires on: _____ / _____ / _____

Individual

Name:
(print)

Address:

Phone:
(or email)

Signature:

Witness

Name:
(print)

Address:

Phone:
(or email)

Signature:

Notary Public Logbook Entry # 179

Date & Time: _____ / _____ / _____   _____ : _____ am/pm

Place:

Fee: $ _____

Travel: _____

Service

- [ ] Jurat
- [ ] Certification
- [ ] Acknowledgment
- [ ] Oath/Affirmation
- [ ] Other _____

Document type: _____

Document date: _____ / _____ / _____

Identification

- [ ] Individual
- [ ] Credible Witness

Thumb Print

- [ ] Driver's License
- [ ] Known Personally
- [ ] Passport
- [ ] ID Card
- [ ] Other _____

ID#: _____

Issued by: _____

Issued on: _____ / _____ / _____

Expires on: _____ / _____ / _____

Individual

Name:
(print)

Address:

Phone:
(or email)

Signature:

Witness

Name:
(print)

Address:

Phone:
(or email)

Signature:

Notary Public Logbook Entry # 180

Date & Time: _____ / _____ / _____   _____ : _____ am/pm

Place:

Fee: $ _____

Travel: _____

Service

- [ ] Jurat
- [ ] Acknowledgment
- [ ] Certification
- [ ] Oath/Affirmation
- [ ] Other _____

Document type: _____

Document date: _____ / _____ / _____

Identification

- [ ] Individual
- [ ] Credible Witness
- [ ] Driver's License
- [ ] Passport
- [ ] Known Personally
- [ ] ID Card

Thumb Print

- [ ] Other _____

ID#: _____

Issued by: _____

Issued on: _____ / _____ / _____

Expires on: _____ / _____ / _____

Individual

Name:
(print)

Address:

Phone:
(or email)

Signature:

Witness

Name:
(print)

Address:

Phone:
(or email)

Signature:

Notary Public Logbook Entry # 181

Date & Time: _____ / _____ / _____ _____ : _____ am/pm

Place:

Fee: $ _____

Travel: _____

Service

☐ Jurat ☐ Acknowledgment

☐ Certification ☐ Oath/Affirmation

☐ Other _____

Document type: _____

Document date: _____ / _____ / _____

Identification

☐ Individual

☐ Credible Witness

Thumb Print

☐ Driver's License ☐ Passport

☐ Known Personally ☐ ID Card

☐ Other _____

ID#: _____

Issued by: _____

Issued on: _____ / _____ / _____

Expires on: _____ / _____ / _____

Individual

Name:
(print)

Address:

Phone:
(or email)

Signature:

Witness

Name:
(print)

Address:

Phone:
(or email)

Signature:

Notary Public Logbook Entry # 182

Date & Time: _____ / _____ / _____   _____ : _____ am/pm

Place:

Fee: $ _____

Travel: _____

Service

- [ ] Jurat
- [ ] Acknowledgment
- [ ] Certification
- [ ] Oath/Affirmation
- [ ] Other _____

Document type: _____

Document date: _____ / _____ / _____

Identification

- [ ] Individual
- [ ] Credible Witness

Thumb Print

- [ ] Driver's License
- [ ] Passport
- [ ] Known Personally
- [ ] ID Card
- [ ] Other _____

ID#: _____

Issued by: _____

Issued on: _____ / _____ / _____

Expires on: _____ / _____ / _____

Individual

Name:
(print)

Address:

Phone:
(or email)

Signature:

Witness

Name:
(print)

Address:

Phone:
(or email)

Signature:

Notary Public Logbook Entry # 183

Date & Time: _____ / _____ / _____   _____ : _____ am/pm

Place:

Fee: $ _____

Travel: _____

Service

☐ Jurat   ☐ Acknowledgment

☐ Certification ☐ Oath/Affirmation

☐ Other _____

Document type: _____

Document date: _____ / _____ / _____

Identification

☐ Individual   ☐ Driver's License ☐ Passport

☐ Credible Witness   ☐ Known Personally ☐ ID Card

Thumb Print

☐ Other _____

ID#: _____

Issued by: _____

Issued on: _____ / _____ / _____

Expires on: _____ / _____ / _____

Individual

Name:
(print)

Address:

Phone:
(or email)

Signature:

Witness

Name:
(print)

Address:

Phone:
(or email)

Signature:

Notary Public Logbook Entry # 184

Date & Time: _____ / _____ / _____   _____ : _____ am/pm

Place: | Fee: $ _____
       | Travel: _____

Service

☐ Jurat   ☐ Acknowledgment

☐ Certification   ☐ Oath/Affirmation

☐ Other _____

Document type: _____

Document date: _____ / _____ / _____

Identification

☐ Individual   ☐ Driver's License   ☐ Passport
☐ Credible Witness   ☐ Known Personally   ☐ ID Card

Thumb Print

☐ Other _____

ID#: _____

Issued by: _____

Issued on: _____ / _____ / _____

Expires on: _____ / _____ / _____

Individual

Name:
(print)

Address:

Phone:
(or email)

Signature:

Witness

Name:
(print)

Address:

Phone:
(or email)

Signature:

Notary Public Logbook Entry # 185

Date & Time: _____ / _____ / _____ _____ : _____ am/pm

Place:

Fee: $ _____

Travel: _____

Service

☐ Jurat ☐ Acknowledgment.

☐ Certification ☐ Oath/Affirmation

☐ Other _____

Document type: _____

Document date: _____ / _____ / _____

Identification

☐ Individual

☐ Credible Witness

Thumb Print

☐ Driver's License ☐ Passport

☐ Known Personally ☐ ID Card

☐ Other _____

ID#: _____

Issued by: _____

Issued on: _____ / _____ / _____

Expires on: _____ / _____ / _____

Individual

Name:
(print)

Address:

Phone:
(or email)

Signature:

Witness

Name:
(print)

Address:

Phone:
(or email)

Signature:

Notary Public Logbook Entry # 186

Date & Time: _____ / _____ / _____   _____ : _____ am/pm

Place:

Fee: $ _____

Travel: _____

Service

- [ ] Jurat
- [ ] Acknowledgment
- [ ] Certification
- [ ] Oath/Affirmation
- [ ] Other _____

Document type: _____

Document date: _____ / _____ / _____

Identification

- [ ] Individual
- [ ] Credible Witness

Thumb Print

- [ ] Driver's License
- [ ] Passport
- [ ] Known Personally
- [ ] ID Card

- [ ] Other _____

ID#: _____

Issued by: _____

Issued on: _____ / _____ / _____

Expires on: _____ / _____ / _____

Individual

Name:
(print)

Address:

Phone:
(or email)

Signature:

Witness

Name:
(print)

Address:

Phone:
(or email)

Signature:

Notary Public Logbook Entry # 187

Date & Time: _____ / _____ / _____   _____ : _____ am/pm

Place:

Fee: $ _____

Travel: _____

Service

- [ ] Jurat
- [ ] Acknowledgment
- [ ] Certification
- [ ] Oath/Affirmation
- [ ] Other _____

Document type: _____

Document date: _____ / _____ / _____

Identification

- [ ] Individual
- [ ] Credible Witness

Thumb Print

- [ ] Driver's License
- [ ] Passport
- [ ] Known Personally
- [ ] ID Card
- [ ] Other _____

ID#: _____

Issued by: _____

Issued on: _____ / _____ / _____

Expires on: _____ / _____ / _____

Individual

Name:
(print)

Address:

Phone:
(or email)

Signature:

Witness

Name:
(print)

Address:

Phone:
(or email)

Signature:

Notary Public Logbook Entry # 188

Date & Time: _____ / _____ / _____   _____ : _____ am/pm

Place:

Fee: $ _____

Travel: _____

Service

☐ Jurat   ☐ Acknowledgment

☐ Certification   ☐ Oath/Affirmation

☐ Other _____

Document type: _____

Document date: _____ / _____ / _____

Identification

☐ Individual   ☐ Driver's License   ☐ Passport

☐ Credible Witness   ☐ Known Personally   ☐ ID Card

Thumb Print   ☐ Other _____

ID#: _____

Issued by: _____

Issued on: _____ / _____ / _____

Expires on: _____ / _____ / _____

Individual

Name:
(print)

Address:

Phone:
(or email)

Signature:

Witness

Name:
(print)

Address:

Phone:
(or email)

Signature:

Notary Public Logbook Entry # 189

Date & Time: _____ / _____ / _____ _____ : _____ am/pm

Place: _____

Fee: $ _____

Travel: _____

Service

- [ ] Jurat
- [ ] Certification
- [ ] Acknowledgment
- [ ] Oath/Affirmation
- [ ] Other _____

Document type: _____

Document date: _____ / _____ / _____

Identification

- [ ] Individual
- [ ] Credible Witness

Thumb Print

- [ ] Driver's License
- [ ] Known Personally
- [ ] Passport
- [ ] ID Card
- [ ] Other _____

ID#: _____

Issued by: _____

Issued on: _____ / _____ / _____

Expires on: _____ / _____ / _____

Individual

Name:
(print)

Address:

Phone:
(or email)

Signature:

Witness

Name:
(print)

Address:

Phone:
(or email)

Signature:

Notary Public Logbook Entry # 190

Date & Time: _____ / _____ / _____ _____ : _____ am/pm

Place:

Fee: $ _____

Travel: _____

Service

- [ ] Jurat
- [ ] Acknowledgment
- [ ] Certification
- [ ] Oath/Affirmation
- [ ] Other _____

Document type: _____

Document date: _____ / _____ / _____

Identification

- [ ] Individual
- [ ] Credible Witness

Thumb Print

- [ ] Driver's License
- [ ] Passport
- [ ] Known Personally
- [ ] ID Card

- [ ] Other _____

ID#: _____

Issued by: _____

Issued on: _____ / _____ / _____

Expires on: _____ / _____ / _____

Individual

Name:
(print)

Address:

Phone:
(or email)

Signature:

Witness

Name:
(print)

Address:

Phone:
(or email)

Signature:

Notary Public Logbook Entry # 191

Date & Time: _____ / _____ / _____ _____ : _____ am/pm

Place:

Fee: $ _____

Travel: _____

Service

☐ Jurat
☐ Certification
☐ Acknowledgment
☐ Oath/Affirmation

☐ Other _____

Document type: _____

Document date: _____ / _____ / _____

Identification

☐ Individual
☐ Credible Witness

Thumb Print

☐ Driver's License ☐ Passport
☐ Known Personally ☐ ID Card

☐ Other _____

ID#: _____

Issued by: _____

Issued on: _____ / _____ / _____

Expires on: _____ / _____ / _____

Individual

Name:
(print)

Address:

Phone:
(or email)

Signature:

Witness

Name:
(print)

Address:

Phone:
(or email)

Signature:

Notary Public Logbook Entry # 192

Date & Time: _____ / _____ / _____   _____ : _____ am/pm

Place: _____

Fee: $ _____

Travel: _____

Service

- [ ] Jurat
- [ ] Certification
- [ ] Acknowledgment
- [ ] Oath/Affirmation
- [ ] Other _____

Document type: _____

Document date: _____ / _____ / _____

Identification

- [ ] Individual
- [ ] Credible Witness

Thumb Print

- [ ] Driver's License
- [ ] Known Personally
- [ ] Passport
- [ ] ID Card
- [ ] Other _____

ID#: _____

Issued by: _____

Issued on: _____ / _____ / _____

Expires on: _____ / _____ / _____

Individual

Name:
(print)

Address:

Phone:
(or email)

Signature:

Witness

Name:
(print)

Address:

Phone:
(or email)

Signature:

Notary Public Logbook Entry # 193

Date & Time: _____ / _____ / _____   _____ : _____ am/pm

Place:

Fee: $ _____

Travel: _____

Service

☐ Jurat ☐ Acknowledgment

☐ Certification ☐ Oath/Affirmation

☐ Other _____

Document type: _____

Document date: _____ / _____ / _____

Identification

☐ Individual

☐ Credible Witness

Thumb Print

☐ Driver's License ☐ Passport

☐ Known Personally ☐ ID Card

☐ Other _____

ID#: _____

Issued by: _____

Issued on: _____ / _____ / _____

Expires on: _____ / _____ / _____

Individual

Name: (print)

Address:

Phone: (or email)

Signature:

Witness

Name: (print)

Address:

Phone: (or email)

Signature:

Notary Public Logbook Entry # 194

Date & Time: _____ / _____ / _____ _____ : _____ am/pm

Place:

Fee: $ _____

Travel: _____

Service

☐ Jurat   ☐ Acknowledgment

☐ Certification   ☐ Oath/Affirmation

☐ Other _____

Document type: _____

Document date: _____ / _____ / _____

Identification

☐ Individual

☐ Credible Witness

Thumb Print

☐ Driver's License   ☐ Passport

☐ Known Personally   ☐ ID Card

☐ Other _____

ID#: _____

Issued by: _____

Issued on: _____ / _____ / _____

Expires on: _____ / _____ / _____

Individual

Name:
(print)

Address:

Phone:
(or email)

Signature:

Witness

Name:
(print)

Address:

Phone:
(or email)

Signature:

Notary Public Logbook Entry # 195

Date & Time: _____ / _____ / _____ _____ : _____ am/pm

Place:

Fee: $ _____

Travel: _____

Service

☐ Jurat ☐ Acknowledgment

☐ Certification ☐ Oath/Affirmation

☐ Other _____

Document type: _____

Document date: _____ / _____ / _____

Identification

☐ Individual

☐ Credible Witness

Thumb Print

☐ Driver's License ☐ Passport

☐ Known Personally ☐ ID Card

☐ Other _____

ID#: _____

Issued by: _____

Issued on: _____ / _____ / _____

Expires on: _____ / _____ / _____

Individual

Name:
(print)

Address:

Phone:
(or email)

Signature:

Witness

Name:
(print)

Address:

Phone:
(or email)

Signature:

Notary Public Logbook Entry # 196

Date & Time: _____ / _____ / _____   _____ : _____ am/pm

Place: _____

Fee: $ _____

Travel: _____

Service

☐ Jurat ☐ Acknowledgment

☐ Certification ☐ Oath/Affirmation

☐ Other _____

Document type: _____

Document date: _____ / _____ / _____

Identification

☐ Individual ☐ Driver's License ☐ Passport

☐ Credible Witness ☐ Known Personally ☐ ID Card

Thumb Print

☐ Other _____

ID#: _____

Issued by: _____

Issued on: _____ / _____ / _____

Expires on: _____ / _____ / _____

Individual

Name: (print)

Address:

Phone: (or email)

Signature:

Witness

Name: (print)

Address:

Phone: (or email)

Signature:

Notary Public Logbook Entry # 197

Date & Time: _____ / _____ / _____   _____ : _____ am/pm

Place:

Fee: $ _____

Travel: _____

Service

- [ ] Jurat
- [ ] Certification
- [ ] Acknowledgment
- [ ] Oath/Affirmation
- [ ] Other _____

Document type: _____

Document date: _____ / _____ / _____

Identification

- [ ] Individual
- [ ] Credible Witness

Thumb Print

- [ ] Driver's License
- [ ] Known Personally
- [ ] Passport
- [ ] ID Card
- [ ] Other _____

ID#: _____

Issued by: _____

Issued on: _____ / _____ / _____

Expires on: _____ / _____ / _____

Individual

Name:
(print)

Address:

Phone:
(or email)

Signature:

Witness

Name:
(print)

Address:

Phone:
(or email)

Signature:

Notary Public Logbook Entry # 198

Date & Time: _____ / _____ / _____   _____ : _____ am/pm

Place:

Fee: $ _____

Travel: _____

Service

- [ ] Jurat
- [ ] Certification
- [ ] Acknowledgment
- [ ] Oath/Affirmation
- [ ] Other _____

Document type: _____

Document date: _____ / _____ / _____

Identification

- [ ] Individual
- [ ] Credible Witness

Thumb Print

- [ ] Driver's License
- [ ] Known Personally
- [ ] Passport
- [ ] ID Card
- [ ] Other _____

ID#: _____

Issued by: _____

Issued on: _____ / _____ / _____

Expires on: _____ / _____ / _____

Individual

Name:
(print)

Address:

Phone:
(or email)

Signature:

Witness

Name:
(print)

Address:

Phone:
(or email)

Signature:

Notary Public Logbook Entry # 199

Date & Time: _____ / _____ / _____   _____ : _____ am/pm

Place:

Fee: $ _____

Travel: _____

Service

- [ ] Jurat
- [ ] Acknowledgment
- [ ] Certification
- [ ] Oath/Affirmation
- [ ] Other _____

Document type: _____

Document date: _____ / _____ / _____

Identification

- [ ] Individual
- [ ] Credible Witness

Thumb Print

- [ ] Driver's License
- [ ] Passport
- [ ] Known Personally
- [ ] ID Card
- [ ] Other _____

ID#: _____

Issued by: _____

Issued on: _____ / _____ / _____

Expires on: _____ / _____ / _____

Individual

Name:
(print)

Address:

Phone:
(or email)

Signature:

Witness

Name:
(print)

Address:

Phone:
(or email)

Signature:

Notary Public Logbook Entry # 200

Date & Time: _____ / _____ / _____   _____ : _____ am/pm

Place:

Fee: $ _____

Travel: _____

Service

☐ Jurat   ☐ Acknowledgment
☐ Certification ☐ Oath/Affirmation

☐ Other _____

Document type: _____

Document date: _____ / _____ / _____

Identification

☐ Individual   ☐ Driver's License   ☐ Passport
☐ Credible Witness ☐ Known Personally   ☐ ID Card

Thumb Print

☐ Other _____

ID#: _____

Issued by: _____

Issued on: _____ / _____ / _____

Expires on: _____ / _____ / _____

Individual

Name:
(print)

Address:

Phone:
(or email)

Signature:

Witness

Name:
(print)

Address:

Phone:
(or email)

Signature:

Notary Public Logbook Entry # 201

Date & Time: _____ / _____ / _____   _____ : _____ am/pm

Place:

Fee: $ _____

Travel: _____

Service

☐ Jurat   ☐ Acknowledgment

☐ Certification ☐ Oath/Affirmation

☐ Other _____

Document type: _____

Document date: _____ / _____ / _____

Identification

☐ Individual

☐ Credible Witness

Thumb Print

☐ Driver's License   ☐ Passport

☐ Known Personally   ☐ ID Card

☐ Other _____

ID#: _____

Issued by: _____

Issued on: _____ / _____ / _____

Expires on: _____ / _____ / _____

Individual

Name:
(print)

Address:

Phone:
(or email)

Signature:

Witness

Name:
(print)

Address:

Phone:
(or email)

Signature:

Notary Public Logbook Entry # 202

Date & Time: _____ / _____ / _____   _____ : _____ am/pm

Place:

Fee: $ _____

Travel: _____

Service

- [ ] Jurat
- [ ] Certification
- [ ] Acknowledgment
- [ ] Oath/Affirmation
- [ ] Other _____

Document type: _____

Document date: _____ / _____ / _____

Identification

- [ ] Individual
- [ ] Credible Witness

Thumb Print

- [ ] Driver's License
- [ ] Known Personally
- [ ] Passport
- [ ] ID Card
- [ ] Other _____

ID#: _____

Issued by: _____

Issued on: _____ / _____ / _____

Expires on: _____ / _____ / _____

Individual

Name:
(print)

Address:

Phone:
(or email)

Signature:

Witness

Name:
(print)

Address:

Phone:
(or email)

Signature:

Notary Public Logbook Entry # 203

Date & Time: _____ / _____ / _____   _____ : _____ am/pm

Place:

Fee: $ _____

Travel: _____

Individual

Name:
(print)

Address:

Phone:
(or email)

Signature:

Service

☐ Jurat   ☐ Acknowledgment

☐ Certification ☐ Oath/Affirmation

☐ Other _____

Document type: _____

Document date: _____ / _____ / _____

Identification

☐ Individual

☐ Credible Witness

Thumb Print

☐ Driver's License   ☐ Passport

☐ Known Personally   ☐ ID Card

☐ Other _____

ID#: _____

Issued by: _____

Issued on: _____ / _____ / _____

Expires on: _____ / _____ / _____

Witness

Name:
(print)

Address:

Phone:
(or email)

Signature:

Notary Public Logbook Entry # 204

Date & Time: _____ / _____ / _____   _____ : _____ am/pm

Place:

Fee: $ _____

Travel: _____

Service

☐ Jurat   ☐ Acknowledgment

☐ Certification ☐ Oath/Affirmation

☐ Other _____

Document type: _____

Document date: _____ / _____ / _____

Identification

☐ Individual

☐ Credible Witness

Thumb Print

☐ Driver's License   ☐ Passport

☐ Known Personally   ☐ ID Card

☐ Other _____

ID#: _____

Issued by: _____

Issued on: _____ / _____ / _____

Expires on: _____ / _____ / _____

Individual

Name:
(print)

Address:

Phone:
(or email)

Signature:

Witness

Name:
(print)

Address:

Phone:
(or email)

Signature:

Notary Public Logbook Entry # 205

Date & Time: _____ / _____ / _____ _____ : _____ am/pm

Place:

Fee: $ _____

Travel: _____

Service

- [ ] Jurat
- [ ] Certification
- [ ] Acknowledgment
- [ ] Oath/Affirmation
- [ ] Other _____

Document type: _____

Document date: _____ / _____ / _____

Identification

- [ ] Individual
- [ ] Credible Witness

- [ ] Driver's License
- [ ] Known Personally
- [ ] Passport
- [ ] ID Card
- [ ] Other _____

Thumb Print

ID#: _____

Issued by: _____

Issued on: _____ / _____ / _____

Expires on: _____ / _____ / _____

Individual

Name:
(print)

Address:

Phone:
(or email)

Signature:

Witness

Name:
(print)

Address:

Phone:
(or email)

Signature:

Notary Public Logbook Entry # 206

Date & Time: _____ / _____ / _____ _____ : _____ am/pm

Place:

Fee: $ _____

Travel: _____

Service

- [ ] Jurat
- [ ] Acknowledgment
- [ ] Certification
- [ ] Oath/Affirmation
- [ ] Other _____

Document type: _____

Document date: _____ / _____ / _____

Identification

- [ ] Individual
- [ ] Credible Witness

Thumb Print

- [ ] Driver's License
- [ ] Passport
- [ ] Known Personally
- [ ] ID Card
- [ ] Other _____

ID#: _____

Issued by: _____

Issued on: _____ / _____ / _____

Expires on: _____ / _____ / _____

Individual

Name:
(print)

Address:

Phone:
(or email)

Signature:

Witness

Name:
(print)

Address:

Phone:
(or email)

Signature:

Notary Public Logbook Entry # 207

Date & Time: _____ / _____ / _____   _____ : _____ am/pm

Place:

Fee: $ _____

Travel: _____

Service

☐ Jurat   ☐ Acknowledgment

☐ Certification ☐ Oath/Affirmation

☐ Other _____

Document type: _____

Document date: _____ / _____ / _____

Identification

☐ Individual   ☐ Driver's License   ☐ Passport

☐ Credible Witness   ☐ Known Personally   ☐ ID Card

Thumb Print   ☐ Other _____

ID#: _____

Issued by: _____

Issued on: _____ / _____ / _____

Expires on: _____ / _____ / _____

Individual

Name:
(print)

Address:

Phone:
(or email)

Signature:

Witness

Name:
(print)

Address:

Phone:
(or email)

Signature:

Notary Public Logbook Entry # 208

Date & Time: _____ / _____ / _____   _____ : _____ am/pm

Place:

Fee: $ _____

Travel: _____

Service

- [ ] Jurat
- [ ] Certification
- [ ] Acknowledgment
- [ ] Oath/Affirmation
- [ ] Other _____

Document type: _____

Document date: _____ / _____ / _____

Identification

- [ ] Individual
- [ ] Credible Witness

Thumb Print

- [ ] Driver's License
- [ ] Known Personally
- [ ] Passport
- [ ] ID Card
- [ ] Other _____

ID#: _____

Issued by: _____

Issued on: _____ / _____ / _____

Expires on: _____ / _____ / _____

Individual

Name: (print)

Address:

Phone: (or email)

Signature:

Witness

Name: (print)

Address:

Phone: (or email)

Signature:

Notary Public Logbook Entry # 209

Date & Time: _____ / _____ / _____ _____ : _____ am/pm

Place:

Fee: $ _____

Travel: _____

Service

☐ Jurat ☐ Acknowledgment

☐ Certification ☐ Oath/Affirmation

☐ Other _____

Document type: _____

Document date: _____ / _____ / _____

Identification

☐ Individual ☐ Driver's License ☐ Passport

☐ Credible Witness ☐ Known Personally ☐ ID Card

Thumb Print

☐ Other _____

ID#: _____

Issued by: _____

Issued on: _____ / _____ / _____

Expires on: _____ / _____ / _____

Individual

Name:
(print)

Address:

Phone:
(or email)

Signature:

Witness

Name:
(print)

Address:

Phone:
(or email)

Signature:

Notary Public Logbook Entry # 210

Date & Time: _____ / _____ / _____   _____ : _____ am/pm

Place:

Fee: $ _____

Travel: _____

Service

☐ Jurat   ☐ Acknowledgment

☐ Certification   ☐ Oath/Affirmation

☐ Other _____

Document type: _____

Document date: _____ / _____ / _____

Identification

☐ Individual
☐ Credible Witness

Thumb Print

☐ Driver's License   ☐ Passport
☐ Known Personally   ☐ ID Card

☐ Other _____

ID#: _____

Issued by: _____

Issued on: _____ / _____ / _____

Expires on: _____ / _____ / _____

Individual

Name:
(print)

Address:

Phone:
(or email)

Signature:

Witness

Name:
(print)

Address:

Phone:
(or email)

Signature:

Notary Public Logbook Entry # 211

Date & Time: _____ / _____ / _____ _____ : _____ am/pm

Place:

Fee: $ _____

Travel: _____

Service

☐ Jurat   ☐ Acknowledgment

☐ Certification   ☐ Oath/Affirmation

☐ Other _____

Document type: _____

Document date: _____ / _____ / _____

Identification

☐ Individual   ☐ Driver's License   ☐ Passport

☐ Credible Witness   ☐ Known Personally   ☐ ID Card

Thumb Print

☐ Other _____

ID#: _____

Issued by: _____

Issued on: _____ / _____ / _____

Expires on: _____ / _____ / _____

Individual

Name:
(print)

Address:

Phone:
(or email)

Signature:

Witness

Name:
(print)

Address:

Phone:
(or email)

Signature:

Notary Public Logbook Entry # 212

Date & Time: _____ / _____ / _____   _____ : _____ am/pm

Place:

Fee: $ _____

Travel: _____

Service

☐ Jurat   ☐ Acknowledgment

☐ Certification   ☐ Oath/Affirmation

☐ Other _____

Document type: _____

Document date: _____ / _____ / _____

Identification

☐ Individual   ☐ Driver's License   ☐ Passport

☐ Credible Witness   ☐ Known Personally   ☐ ID Card

Thumb Print

☐ Other _____

ID#: _____

Issued by: _____

Issued on: _____ / _____ / _____

Expires on: _____ / _____ / _____

Individual

Name:
(print)

Address:

Phone:
(or email)

Signature:

Witness

Name:
(print)

Address:

Phone:
(or email)

Signature:

Notary Public Logbook Entry # 213

Date & Time: _____ / _____ / _____   _____ : _____ am/pm

Place:

Fee: $ _____

Travel: _____

Individual

Name:
(print)

Address:

Phone:
(or email)

Signature:

Service

☐ Jurat   ☐ Acknowledgment

☐ Certification   ☐ Oath/Affirmation

☐ Other _____

Document type: _____

Document date: _____ / _____ / _____

Identification

☐ Individual   ☐ Driver's License   ☐ Passport

☐ Credible Witness   ☐ Known Personally   ☐ ID Card

Thumb Print

☐ Other _____

ID#: _____

Issued by: _____

Issued on: _____ / _____ / _____

Expires on: _____ / _____ / _____

Witness

Name:
(print)

Address:

Phone:
(or email)

Signature:

Notary Public Logbook Entry # 214

Date & Time: _____ / _____ / _____ _____ : _____ am/pm

Place:

Fee: $ _____

Travel: _____

Service

☐ Jurat   ☐ Acknowledgment

☐ Certification   ☐ Oath/Affirmation

☐ Other _____

Document type: _____

Document date: _____ / _____ / _____

Identification

☐ Individual
☐ Credible Witness

Thumb Print

☐ Driver's License   ☐ Passport
☐ Known Personally   ☐ ID Card

☐ Other _____

ID#: _____

Issued by: _____

Issued on: _____ / _____ / _____

Expires on: _____ / _____ / _____

Individual

Name:
(print)

Address:

Phone:
(or email)

Signature:

Witness

Name:
(print)

Address:

Phone:
(or email)

Signature:

Notary Public Logbook Entry # 215

Date & Time: _____ / _____ / _____   _____ : _____ am/pm

Place:

Fee: $ _____

Travel: _____

Service

- [ ] Jurat
- [ ] Acknowledgment
- [ ] Certification
- [ ] Oath/Affirmation
- [ ] Other _____

Document type: _____

Document date: _____ / _____ / _____

Identification

- [ ] Individual
- [ ] Credible Witness

Thumb Print

- [ ] Driver's License
- [ ] Passport
- [ ] Known Personally
- [ ] ID Card
- [ ] Other _____

ID#: _____

Issued by: _____

Issued on: _____ / _____ / _____

Expires on: _____ / _____ / _____

Individual

Name:
(print)

Address:

Phone:
(or email)

Signature:

Witness

Name:
(print)

Address:

Phone:
(or email)

Signature:

Notary Public Logbook Entry # 216

Date & Time: _____ / _____ / _____   _____ : _____ am/pm

Place:

Fee: $ _____

Travel: _____

Service

☐ Jurat   ☐ Acknowledgment

☐ Certification   ☐ Oath/Affirmation

☐ Other _____

Document type: _____

Document date: _____ / _____ / _____

Identification

☐ Individual

☐ Credible Witness

☐ Driver's License   ☐ Passport

☐ Known Personally   ☐ ID Card

Thumb Print

☐ Other _____

ID#: _____

Issued by: _____

Issued on: _____ / _____ / _____

Expires on: _____ / _____ / _____

Individual

Name:
(print)

Address:

Phone:
(or email)

Signature:

Witness

Name:
(print)

Address:

Phone:
(or email)

Signature:

Notary Public Logbook Entry # 217

Date & Time: _____ / _____ / _____ _____ : _____ am/pm

Place:

Fee: $ _____

Travel: _____

Service

- [ ] Jurat
- [ ] Certification
- [ ] Other _____
- [ ] Acknowledgment
- [ ] Oath/Affirmation

Document type: _____

Document date: _____ / _____ / _____

Identification

- [ ] Individual
- [ ] Credible Witness

Thumb Print

- [ ] Driver's License
- [ ] Known Personally
- [ ] Other _____
- [ ] Passport
- [ ] ID Card

ID#: _____

Issued by: _____

Issued on: _____ / _____ / _____

Expires on: _____ / _____ / _____

Individual

Name:
(print)

Address:

Phone:
(or email)

Signature:

Witness

Name:
(print)

Address:

Phone:
(or email)

Signature:

Notary Public Logbook Entry # 218

Date & Time: _____ / _____ / _____ _____ : _____ am/pm

Place:

Fee: $ _____

Travel: _____

Service

- [ ] Jurat
- [ ] Acknowledgment
- [ ] Certification
- [ ] Oath/Affirmation
- [ ] Other _____

Document type: _____

Document date: _____ / _____ / _____

Identification

- [ ] Individual
- [ ] Credible Witness

Thumb Print

- [ ] Driver's License
- [ ] Passport
- [ ] Known Personally
- [ ] ID Card
- [ ] Other _____

ID#: _____

Issued by: _____

Issued on: _____ / _____ / _____

Expires on: _____ / _____ / _____

Individual

Name:
(print)

Address:

Phone:
(or email)

Signature:

Witness

Name:
(print)

Address:

Phone:
(or email)

Signature:

Notary Public Logbook Entry # 219

Date & Time: _____ / _____ / _____   _____ : _____ am/pm

Place:

Fee: $ _____

Travel: _____

Service

☐ Jurat   ☐ Acknowledgment

☐ Certification ☐ Oath/Affirmation

☐ Other _____

Document type: _____

Document date: _____ / _____ / _____

Identification

☐ Individual

☐ Credible Witness

Thumb Print

☐ Driver's License ☐ Passport

☐ Known Personally ☐ ID Card

☐ Other _____

ID#: _____

Issued by: _____

Issued on: _____ / _____ / _____

Expires on: _____ / _____ / _____

Individual

Name:
(print)

Address:

Phone:
(or email)

Signature:

Witness

Name:
(print)

Address:

Phone:
(or email)

Signature:

Notary Public Logbook Entry # 220

Date & Time: _____ / _____ / _____   _____ : _____ am/pm

Place: _____

Fee: $ _____

Travel: _____

Service

☐ Jurat   ☐ Acknowledgment

☐ Certification   ☐ Oath/Affirmation

☐ Other _____

Document type: _____

Document date: _____ / _____ / _____

Identification

☐ Individual   ☐ Driver's License   ☐ Passport

☐ Credible Witness   ☐ Known Personally   ☐ ID Card

Thumb Print

☐ Other _____

ID#: _____

Issued by: _____

Issued on: _____ / _____ / _____

Expires on: _____ / _____ / _____

Individual

Name:
(print)

Address:

Phone:
(or email)

Signature:

Witness

Name:
(print)

Address:

Phone:
(or email)

Signature:

Notary Public Logbook Entry # 221

Date & Time: _____ / _____ / _____   _____ : _____ am/pm

Place:

Fee: $ _____

Travel: _____

Service

☐ Jurat   ☐ Acknowledgment

☐ Certification ☐ Oath/Affirmation

☐ Other _____

Document type: _____

Document date: _____ / _____ / _____

Identification

☐ Individual   ☐ Driver's License ☐ Passport

☐ Credible Witness   ☐ Known Personally ☐ ID Card

Thumb Print

☐ Other _____

ID#: _____

Issued by: _____

Issued on: _____ / _____ / _____

Expires on: _____ / _____ / _____

Individual

Name:
(print)

Address:

Phone:
(or email)

Signature:

Witness

Name:
(print)

Address:

Phone:
(or email)

Signature:

Notary Public Logbook Entry # 222

Date & Time: _____ / _____ / _____   _____ : _____ am/pm

Place:

Fee: $ _____

Travel: _____

Service

- [ ] Jurat
- [ ] Acknowledgment
- [ ] Certification
- [ ] Oath/Affirmation
- [ ] Other _____

Document type: _____

Document date: _____ / _____ / _____

Identification

- [ ] Individual
- [ ] Credible Witness

Thumb Print

- [ ] Driver's License
- [ ] Passport
- [ ] Known Personally
- [ ] ID Card
- [ ] Other _____

ID#: _____

Issued by: _____

Issued on: _____ / _____ / _____

Expires on: _____ / _____ / _____

Individual

Name:
(print)

Address:

Phone:
(or email)

Signature:

Witness

Name:
(print)

Address:

Phone:
(or email)

Signature:

Notary Public Logbook Entry # 223

Date & Time: _____ / _____ / _____   _____ : _____ am/pm

Place:

Fee: $ _____

Travel: _____

Service

☐ Jurat   ☐ Acknowledgment

☐ Certification ☐ Oath/Affirmation

☐ Other _____

Document type: _____

Document date: _____ / _____ / _____

Identification

☐ Individual
☐ Credible Witness

Thumb Print

☐ Driver's License ☐ Passport
☐ Known Personally ☐ ID Card

☐ Other _____

ID#: _____

Issued by: _____

Issued on: _____ / _____ / _____

Expires on: _____ / _____ / _____

Individual

Name:
(print)

Address:

Phone:
(or email)

Signature:

Witness

Name:
(print)

Address:

Phone:
(or email)

Signature:

Notary Public Logbook Entry # 224

Date & Time: _____ / _____ / _____   _____ : _____ am/pm

Place:

Fee: $ _____

Travel: _____

Service

- [ ] Jurat
- [ ] Acknowledgment
- [ ] Certification
- [ ] Oath/Affirmation
- [ ] Other _____

Document type: _____

Document date: _____ / _____ / _____

Identification

- [ ] Individual
- [ ] Credible Witness

Thumb Print

- [ ] Driver's License
- [ ] Passport
- [ ] Known Personally
- [ ] ID Card
- [ ] Other _____

ID#: _____

Issued by: _____

Issued on: _____ / _____ / _____

Expires on: _____ / _____ / _____

Individual

Name:
(print)

Address:

Phone:
(or email)

Signature:

Witness

Name:
(print)

Address:

Phone:
(or email)

Signature:

Notary Public Logbook Entry # 225

Date & Time: _____ / _____ / _____   _____ : _____ am/pm

Place:

Fee: $ _____

Travel: _____

Service

- [ ] Jurat
- [ ] Certification
- [ ] Acknowledgment
- [ ] Oath/Affirmation
- [ ] Other _____

Document type: _____

Document date: _____ / _____ / _____

Identification

- [ ] Individual
- [ ] Credible Witness

Thumb Print

- [ ] Driver's License
- [ ] Known Personally
- [ ] Passport
- [ ] ID Card
- [ ] Other _____

ID#: _____

Issued by: _____

Issued on: _____ / _____ / _____

Expires on: _____ / _____ / _____

Individual

Name:
(print)

Address:

Phone:
(or email)

Signature:

Witness

Name:
(print)

Address:

Phone:
(or email)

Signature:

Notary Public Logbook Entry # 226

Date & Time: _____ / _____ / _____ _____ : _____ am/pm

Place:

Fee: $ _____

Travel: _____

Service

- [ ] Jurat
- [ ] Acknowledgment
- [ ] Certification
- [ ] Oath/Affirmation
- [ ] Other _____

Document type: _____

Document date: _____ / _____ / _____

Identification

- [ ] Individual
- [ ] Credible Witness

Thumb Print

- [ ] Driver's License
- [ ] Passport
- [ ] Known Personally
- [ ] ID Card
- [ ] Other _____

ID#: _____

Issued by: _____

Issued on: _____ / _____ / _____

Expires on: _____ / _____ / _____

Individual

Name:
(print)

Address:

Phone:
(or email)

Signature:

Witness

Name:
(print)

Address:

Phone:
(or email)

Signature:

Notary Public Logbook Entry # 227

Date & Time: _____ / _____ / _____   _____ : _____ am/pm

Place:

Fee: $ _____

Travel: _____

Service

☐ Jurat ☐ Acknowledgment

☐ Certification ☐ Oath/Affirmation

☐ Other _____

Document type: _____

Document date: _____ / _____ / _____

Identification

☐ Individual

☐ Credible Witness

Thumb Print

☐ Driver's License ☐ Passport

☐ Known Personally ☐ ID Card

☐ Other _____

ID#: _____

Issued by: _____

Issued on: _____ / _____ / _____

Expires on: _____ / _____ / _____

Individual

Name:
(print)

Address:

Phone:
(or email)

Signature:

Witness

Name:
(print)

Address:

Phone:
(or email)

Signature:

Notary Public Logbook Entry # 228

Date & Time: _____ / _____ / _____   _____ : _____ am/pm

Place:

Fee: $ _____

Travel: _____

Service

- [ ] Jurat
- [ ] Acknowledgment
- [ ] Certification
- [ ] Oath/Affirmation
- [ ] Other _____

Document type: _____

Document date: _____ / _____ / _____

Identification

- [ ] Individual
- [ ] Credible Witness

Thumb Print

- [ ] Driver's License
- [ ] Passport
- [ ] Known Personally
- [ ] ID Card
- [ ] Other _____

ID#: _____

Issued by: _____

Issued on: _____ / _____ / _____

Expires on: _____ / _____ / _____

Individual

Name:
(print)

Address:

Phone:
(or email)

Signature:

Witness

Name:
(print)

Address:

Phone:
(or email)

Signature:

Notary Public Logbook Entry # 229

Date & Time: _____ / _____ / _____   _____ : _____ am/pm

Place:

Fee: $ _____

Travel: _____

Service

☐ Jurat　　　　　　　☐ Acknowledgment

☐ Certification　　　☐ Oath/Affirmation

☐ Other _____

Document type: _____

Document date: _____ / _____ / _____

Identification

☐ Individual

☐ Credible Witness

Thumb Print

☐ Driver's License　☐ Passport

☐ Known Personally　☐ ID Card

☐ Other _____

ID#: _____

Issued by: _____

Issued on: _____ / _____ / _____

Expires on: _____ / _____ / _____

Individual

Name:
(print)

Address:

Phone:
(or email)

Signature:

Witness

Name:
(print)

Address:

Phone:
(or email)

Signature:

Notary Public Logbook Entry # 230

Date & Time: _____ / _____ / _____   _____ : _____ am/pm

Place:

Fee: $ _____

Travel: _____

Service

- [ ] Jurat
- [ ] Certification
- [ ] Acknowledgment
- [ ] Oath/Affirmation
- [ ] Other _____

Document type: _____

Document date: _____ / _____ / _____

Identification

- [ ] Individual
- [ ] Credible Witness

Thumb Print

- [ ] Driver's License
- [ ] Known Personally
- [ ] Passport
- [ ] ID Card
- [ ] Other _____

ID#: _____

Issued by: _____

Issued on: _____ / _____ / _____

Expires on: _____ / _____ / _____

Individual

Name:
(print)

Address:

Phone:
(or email)

Signature:

Witness

Name:
(print)

Address:

Phone:
(or email)

Signature:

Notary Public Logbook Entry # 231

Date & Time: _____ / _____ / _____   _____ : _____ am/pm

Place:

Fee: $ _____

Travel: _____

Service

☐ Jurat
☐ Acknowledgment
☐ Certification
☐ Oath/Affirmation
☐ Other _____

Document type: _____

Document date: _____ / _____ / _____

Identification

☐ Individual
☐ Credible Witness

Thumb Print

☐ Driver's License
☐ Passport
☐ Known Personally
☐ ID Card
☐ Other _____

ID#: _____

Issued by: _____

Issued on: _____ / _____ / _____

Expires on: _____ / _____ / _____

Individual

Name: (print)

Address:

Phone: (or email)

Signature:

Witness

Name: (print)

Address:

Phone: (or email)

Signature:

Notary Public Logbook Entry # 232

Date & Time: _____ / _____ / _____   _____ : _____ am/pm

Place:

Fee: $ _____

Travel: _____

Service

- [ ] Jurat
- [ ] Certification
- [ ] Acknowledgment
- [ ] Oath/Affirmation
- [ ] Other _____

Document type: _____

Document date: _____ / _____ / _____

Identification

- [ ] Individual
- [ ] Credible Witness

Thumb Print

- [ ] Driver's License
- [ ] Known Personally
- [ ] Passport
- [ ] ID Card
- [ ] Other _____

ID#: _____

Issued by: _____

Issued on: _____ / _____ / _____

Expires on: _____ / _____ / _____

Individual

Name:
(print)

Address:

Phone:
(or email)

Signature:

Witness

Name:
(print)

Address:

Phone:
(or email)

Signature:

Notary Public Logbook Entry # 233

Date & Time: _____ / _____ / _____   _____ : _____ am/pm

Place:

Fee: $ _____

Travel: _____

Service

☐ Jurat   ☐ Acknowledgment

☐ Certification   ☐ Oath/Affirmation

☐ Other _____

Document type: _____

Document date: _____ / _____ / _____

Identification

☐ Individual

☐ Credible Witness

Thumb Print

☐ Driver's License   ☐ Passport

☐ Known Personally   ☐ ID Card

☐ Other _____

ID#: _____

Issued by: _____

Issued on: _____ / _____ / _____

Expires on: _____ / _____ / _____

Individual

Name:
(print)

Address:

Phone:
(or email)

Signature:

Witness

Name:
(print)

Address:

Phone:
(or email)

Signature:

Notary Public Logbook Entry # 234

Date & Time: _____ / _____ / _____ _____ : _____ am/pm

Place:

Fee: $ _____

Travel: _____

Service

☐ Jurat
☐ Certification
☐ Other _____

☐ Acknowledgment
☐ Oath/Affirmation

Document type: _____

Document date: _____ / _____ / _____

Identification

☐ Individual
☐ Credible Witness

Thumb Print

☐ Driver's License   ☐ Passport
☐ Known Personally   ☐ ID Card

☐ Other _____

ID#: _____

Issued by: _____

Issued on: _____ / _____ / _____

Expires on: _____ / _____ / _____

Individual

Name:
(print)

Address:

Phone:
(or email)

Signature:

Witness

Name:
(print)

Address:

Phone:
(or email)

Signature:

Notary Public Logbook Entry # 235

Date & Time: _____ / _____ / _____   _____ : _____ am/pm

Place:

Fee: $ _____

Travel: _____

Service

☐ Jurat   ☐ Acknowledgment

☐ Certification   ☐ Oath/Affirmation

☐ Other _____

Document type: _____

Document date: _____ / _____ / _____

Identification

☐ Individual   ☐ Driver's License   ☐ Passport

☐ Credible Witness   ☐ Known Personally   ☐ ID Card

Thumb Print   ☐ Other _____

ID#: _____

Issued by: _____

Issued on: _____ / _____ / _____

Expires on: _____ / _____ / _____

Individual

Name:
(print)

Address:

Phone:
(or email)

Signature:

Witness

Name:
(print)

Address:

Phone:
(or email)

Signature:

Notary Public Logbook Entry # 236

Date & Time: _____ / _____ / _____   _____ : _____ am/pm

Place:

Fee: $ _____

Travel: _____

Service

☐ Jurat　　　　　　　☐ Acknowledgment

☐ Certification　　　　☐ Oath/Affirmation

☐ Other _____

Document type: _____

Document date: _____ / _____ / _____

Identification

☐ Individual
☐ Credible Witness

Thumb Print

☐ Driver's License　☐ Passport
☐ Known Personally　☐ ID Card

☐ Other _____

ID#: _____

Issued by: _____

Issued on: _____ / _____ / _____

Expires on: _____ / _____ / _____

Individual

Name:
(print)

Address:

Phone:
(or email)

Signature:

Witness

Name:
(print)

Address:

Phone:
(or email)

Signature:

Notary Public Logbook Entry # 237

Date & Time: _____ / _____ / _____   _____ : _____ am/pm

Place:

Fee: $ _____

Travel: _____

Service

☐ Jurat   ☐ Acknowledgment

☐ Certification ☐ Oath/Affirmation

☐ Other _____

Document type: _____

Document date: _____ / _____ / _____

Identification

☐ Individual
☐ Credible Witness

Thumb Print

☐ Driver's License ☐ Passport

☐ Known Personally ☐ ID Card

☐ Other _____

ID#: _____

Issued by: _____

Issued on: _____ / _____ / _____

Expires on: _____ / _____ / _____

Individual

Name:
(print)

Address:

Phone:
(or email)

Signature:

Witness

Name:
(print)

Address:

Phone:
(or email)

Signature:

Notary Public Logbook Entry # 238

Date & Time: _____ / _____ / _____   _____ : _____ am/pm

Place:

Fee: $ _____

Travel: _____

Service

☐ Jurat   ☐ Acknowledgment

☐ Certification   ☐ Oath/Affirmation

☐ Other _____

Document type: _____

Document date: _____ / _____ / _____

Identification

☐ Individual   ☐ Driver's License   ☐ Passport

☐ Credible Witness   ☐ Known Personally   ☐ ID Card

Thumb Print

☐ Other _____

ID#: _____

Issued by: _____

Issued on: _____ / _____ / _____

Expires on: _____ / _____ / _____

Individual

Name:
(print)

Address:

Phone:
(or email)

Signature:

Witness

Name:
(print)

Address:

Phone:
(or email)

Signature:

Notary Public Logbook Entry # 239

Date & Time: _____ / _____ / _____   _____ : _____ am/pm

Place:

Fee: $ _____

Travel: _____

Service

☐ Jurat   ☐ Acknowledgment

☐ Certification   ☐ Oath/Affirmation

☐ Other _____

Document type: _____

Document date: _____ / _____ / _____

Identification

☐ Individual   ☐ Driver's License   ☐ Passport

☐ Credible Witness   ☐ Known Personally   ☐ ID Card

Thumb Print   ☐ Other _____

ID#: _____

Issued by: _____

Issued on: _____ / _____ / _____

Expires on: _____ / _____ / _____

Individual

Name:
(print)

Address:

Phone:
(or email)

Signature:

Witness

Name:
(print)

Address:

Phone:
(or email)

Signature:

Notary Public Logbook Entry # 240

Date & Time: _____ / _____ / _____ _____ : _____ am/pm

Place:

Fee: $ _____

Travel: _____

Service

☐ Jurat ☐ Acknowledgment

☐ Certification ☐ Oath/Affirmation

☐ Other _____

Document type: _____

Document date: _____ / _____ / _____

Identification

☐ Individual ☐ Driver's License ☐ Passport

☐ Credible Witness ☐ Known Personally ☐ ID Card

Thumb Print

☐ Other _____

ID#: _____

Issued by: _____

Issued on: _____ / _____ / _____

Expires on: _____ / _____ / _____

Individual

Name:
(print)

Address:

Phone:
(or email)

Signature:

Witness

Name:
(print)

Address:

Phone:
(or email)

Signature:

Notary Public Logbook Entry # 241

Date & Time: _____ / _____ / _____   _____ : _____ am/pm

Place:

Fee: $ _____

Travel: _____

Service

- [ ] Jurat
- [ ] Acknowledgment
- [ ] Certification
- [ ] Oath/Affirmation
- [ ] Other _____

Document type: _____

Document date: _____ / _____ / _____

Identification

- [ ] Individual
- [ ] Credible Witness

- [ ] Driver's License
- [ ] Passport
- [ ] Known Personally
- [ ] ID Card
- [ ] Other _____

Thumb Print

ID#: _____

Issued by: _____

Issued on: _____ / _____ / _____

Expires on: _____ / _____ / _____

Individual

Name:
(print)

Address:

Phone:
(or email)

Signature:

Witness

Name:
(print)

Address:

Phone:
(or email)

Signature:

Notary Public Logbook Entry # 242

Date & Time: _____ / _____ / _____   _____ : _____ am/pm

Place:

Fee: $ _____

Travel: _____

Service

☐ Jurat   ☐ Acknowledgment

☐ Certification   ☐ Oath/Affirmation

☐ Other _____

Document type: _____

Document date: _____ / _____ / _____

Identification

☐ Individual
☐ Credible Witness

Thumb Print

☐ Driver's License   ☐ Passport

☐ Known Personally   ☐ ID Card

☐ Other _____

ID#: _____

Issued by: _____

Issued on: _____ / _____ / _____

Expires on: _____ / _____ / _____

Individual

Name:
(print)

Address:

Phone:
(or email)

Signature:

Witness

Name:
(print)

Address:

Phone:
(or email)

Signature:

Notary Public Logbook Entry # 243

Date & Time: _____ / _____ / _____ _____ : _____ am/pm

Place:

Fee: $ _____

Travel: _____

Service

☐ Jurat ☐ Acknowledgment

☐ Certification ☐ Oath/Affirmation

☐ Other _____

Document type: _____

Document date: _____ / _____ / _____

Identification

☐ Individual

☐ Credible Witness

Thumb Print

☐ Driver's License ☐ Passport

☐ Known Personally ☐ ID Card

☐ Other _____

ID#: _____

Issued by: _____

Issued on: _____ / _____ / _____

Expires on: _____ / _____ / _____

Individual

Name:
(print)

Address:

Phone:
(or email)

Signature:

Witness

Name:
(print)

Address:

Phone:
(or email)

Signature:

Notary Public Logbook Entry # 244

Date & Time: _____ / _____ / _____   _____ : _____ am/pm

Place:

Fee: $ _____

Travel: _____

Service

☐ Jurat   ☐ Acknowledgment
☐ Certification ☐ Oath/Affirmation
☐ Other _____

Document type: _____

Document date: _____ / _____ / _____

Identification

☐ Individual   ☐ Driver's License   ☐ Passport
☐ Credible Witness ☐ Known Personally   ☐ ID Card

Thumb Print

☐ Other _____

ID#: _____

Issued by: _____

Issued on: _____ / _____ / _____

Expires on: _____ / _____ / _____

Individual

Name:
(print)

Address:

Phone:
(or email)

Signature:

Witness

Name:
(print)

Address:

Phone:
(or email)

Signature:

Notary Public Logbook Entry # 245

Date & Time: _____ / _____ / _____   _____ : _____ am/pm

Place:

Fee: $ _____

Travel: _____

Service

- [ ] Jurat
- [ ] Certification
- [ ] Acknowledgment
- [ ] Oath/Affirmation
- [ ] Other _____

Document type: _____

Document date: _____ / _____ / _____

Identification

- [ ] Individual
- [ ] Credible Witness

Thumb Print

- [ ] Driver's License
- [ ] Known Personally
- [ ] Passport
- [ ] ID Card
- [ ] Other _____

ID#: _____

Issued by: _____

Issued on: _____ / _____ / _____

Expires on: _____ / _____ / _____

Individual

Name:
(print)

Address:

Phone:
(or email)

Signature:

Witness

Name:
(print)

Address:

Phone:
(or email)

Signature:

Notary Public Logbook Entry # 246

Date & Time: _____ / _____ / _____   _____ : _____ am/pm

Place:

Fee: $ _____

Travel: _____

Service

☐ Jurat   ☐ Acknowledgment

☐ Certification ☐ Oath/Affirmation

☐ Other _____

Document type: _____

Document date: _____ / _____ / _____

Identification

☐ Individual   ☐ Driver's License   ☐ Passport

☐ Credible Witness   ☐ Known Personally   ☐ ID Card

Thumb Print

☐ Other _____

ID#: _____

Issued by: _____

Issued on: _____ / _____ / _____

Expires on: _____ / _____ / _____

Individual

Name:
(print)

Address:

Phone:
(or email)

Signature:

Witness

Name:
(print)

Address:

Phone:
(or email)

Signature:

Notary Public Logbook Entry # 247

Date & Time: _____ / _____ / _____   _____ : _____ am/pm

| Place: | Fee: $ _____ |
| | Travel: _____ |

Service

☐ Jurat   ☐ Acknowledgment

☐ Certification   ☐ Oath/Affirmation

☐ Other _____

Document type: _____

Document date: _____ / _____ / _____

Identification

☐ Individual   ☐ Driver's License   ☐ Passport

☐ Credible Witness   ☐ Known Personally   ☐ ID Card

    Thumb Print

☐ Other _____

ID#: _____

Issued by: _____

Issued on: _____ / _____ / _____

Expires on: _____ / _____ / _____

Individual

Name:
(print)

Address:

Phone:
(or email)

Signature:

Witness

Name:
(print)

Address:

Phone:
(or email)

Signature:

Notary Public Logbook Entry # 248

Date & Time: _____ / _____ / _____   _____ : _____ am/pm

Place:

Fee: $ _____

Travel: _____

Service

☐ Jurat   ☐ Acknowledgment

☐ Certification   ☐ Oath/Affirmation

☐ Other _____

Document type: _____

Document date: _____ / _____ / _____

Identification

☐ Individual   ☐ Driver's License   ☐ Passport

☐ Credible Witness   ☐ Known Personally   ☐ ID Card

Thumb Print

☐ Other _____

ID#: _____

Issued by: _____

Issued on: _____ / _____ / _____

Expires on: _____ / _____ / _____

Individual

Name:
(print)

Address:

Phone:
(or email)

Signature:

Witness

Name:
(print)

Address:

Phone:
(or email)

Signature:

Notary Public Logbook Entry # 249

Date & Time: _____ / _____ / _____   _____ : _____ am/pm

Place:

Fee: $ _____

Travel: _____

Service

☐ Jurat   ☐ Acknowledgment

☐ Certification   ☐ Oath/Affirmation

☐ Other _____

Document type: _____

Document date: _____ / _____ / _____

Identification

☐ Individual   ☐ Driver's License   ☐ Passport

☐ Credible Witness   ☐ Known Personally ☐ ID Card

Thumb Print

☐ Other _____

ID#: _____

Issued by: _____

Issued on: _____ / _____ / _____

Expires on: _____ / _____ / _____

Individual

Name:
(print)

Address:

Phone:
(or email)

Signature:

Witness

Name:
(print)

Address:

Phone:
(or email)

Signature:

Notary Public Logbook Entry # 250

Date & Time: _____ / _____ / _____   _____ : _____ am/pm

Place:

Fee: $ _____

Travel: _____

Service

☐ Jurat   ☐ Acknowledgment

☐ Certification   ☐ Oath/Affirmation

☐ Other _____

Document type: _____

Document date: _____ / _____ / _____

Identification

☐ Individual   ☐ Driver's License   ☐ Passport

☐ Credible Witness   ☐ Known Personally   ☐ ID Card

Thumb Print

☐ Other _____

ID#: _____

Issued by: _____

Issued on: _____ / _____ / _____

Expires on: _____ / _____ / _____

Individual

Name:
(print)

Address:

Phone:
(or email)

Signature:

Witness

Name:
(print)

Address:

Phone:
(or email)

Signature:

Notary Public Logbook Entry # 251

Date & Time: _____ / _____ / _____   _____ : _____ am/pm

Place:

Fee: $ _____

Travel: _____

Service

☐ Jurat   ☐ Acknowledgment

☐ Certification ☐ Oath/Affirmation

☐ Other _____

Document type: _____

Document date: _____ / _____ / _____

Identification

☐ Individual   ☐ Driver's License   ☐ Passport

☐ Credible Witness   ☐ Known Personally   ☐ ID Card

Thumb Print   ☐ Other _____

ID#: _____

Issued by: _____

Issued on: _____ / _____ / _____

Expires on: _____ / _____ / _____

Individual

Name:
(print)

Address:

Phone:
(or email)

Signature:

Witness

Name:
(print)

Address:

Phone:
(or email)

Signature:

Notary Public Logbook Entry # 252

Date & Time: _____ / _____ / _____   _____ : _____ am/pm

Place:

Fee: $ _____

Travel: _____

Service

☐ Jurat   ☐ Acknowledgment

☐ Certification   ☐ Oath/Affirmation

☐ Other _____

Document type: _____

Document date: _____ / _____ / _____

Identification

☐ Individual   ☐ Driver's License   ☐ Passport

☐ Credible Witness   ☐ Known Personally   ☐ ID Card

Thumb Print

☐ Other _____

ID#: _____

Issued by: _____

Issued on: _____ / _____ / _____

Expires on: _____ / _____ / _____

Individual

Name:
(print)

Address:

Phone:
(or email)

Signature:

Witness

Name:
(print)

Address:

Phone:
(or email)

Signature:

Notary Public Logbook Entry # 253

Date & Time: _____ / _____ / _____   _____ : _____ am/pm

Place:

Fee: $ _____

Travel: _____

Service

- [ ] Jurat
- [ ] Acknowledgment
- [ ] Certification
- [ ] Oath/Affirmation
- [ ] Other _____

Document type: _____

Document date: _____ / _____ / _____

Identification

- [ ] Individual
- [ ] Credible Witness

Thumb Print

- [ ] Driver's License
- [ ] Passport
- [ ] Known Personally
- [ ] ID Card
- [ ] Other _____

ID#: _____

Issued by: _____

Issued on: _____ / _____ / _____

Expires on: _____ / _____ / _____

Individual

Name:
(print)

Address:

Phone:
(or email)

Signature:

Witness

Name:
(print)

Address:

Phone:
(or email)

Signature:

Notary Public Logbook Entry # 254

Date & Time: _____ / _____ / _____   _____ : _____ am/pm

Place:

Fee: $ _____

Travel: _____

Service

☐ Jurat
☐ Acknowledgment
☐ Certification
☐ Oath/Affirmation
☐ Other _____

Document type: _____

Document date: _____ / _____ / _____

Identification

☐ Individual
☐ Credible Witness

☐ Driver's License   ☐ Passport
☐ Known Personally   ☐ ID Card

Thumb Print

☐ Other _____

ID#: _____

Issued by: _____

Issued on: _____ / _____ / _____

Expires on: _____ / _____ / _____

Individual

Name:
(print)

Address:

Phone:
(or email)

Signature:

Witness

Name:
(print)

Address:

Phone:
(or email)

Signature:

Notary Public Logbook Entry # 255

Date & Time: _____ / _____ / _____   _____ : _____ am/pm

Place:

Fee: $ _____

Travel: _____

Service

- [ ] Jurat
- [ ] Acknowledgment
- [ ] Certification
- [ ] Oath/Affirmation
- [ ] Other _____

Document type: _____

Document date: _____ / _____ / _____

Identification

- [ ] Individual
- [ ] Credible Witness

Thumb Print

- [ ] Driver's License
- [ ] Passport
- [ ] Known Personally
- [ ] ID Card
- [ ] Other _____

ID#: _____

Issued by: _____

Issued on: _____ / _____ / _____

Expires on: _____ / _____ / _____

Individual

Name:
(print)

Address:

Phone:
(or email)

Signature:

Witness

Name:
(print)

Address:

Phone:
(or email)

Signature:

Notary Public Logbook Entry # 256

Date & Time: _____ / _____ / _____   _____ : _____ am/pm

Place:

Fee: $ _____

Travel: _____

Service

☐ Jurat   ☐ Acknowledgment

☐ Certification ☐ Oath/Affirmation

☐ Other _____

Document type: _____

Document date: _____ / _____ / _____

Identification

☐ Individual   ☐ Driver's License   ☐ Passport

☐ Credible Witness   ☐ Known Personally   ☐ ID Card

Thumb Print   ☐ Other _____

ID#: _____

Issued by: _____

Issued on: _____ / _____ / _____

Expires on: _____ / _____ / _____

Individual

Name:
(print)

Address:

Phone:
(or email)

Signature:

Witness

Name:
(print)

Address:

Phone:
(or email)

Signature:

Notary Public Logbook Entry # 257

Date & Time: _____ / _____ / _____ _____ : _____ am/pm

Place: | Fee: $ _____
| Travel: _____

Service

☐ Jurat ☐ Acknowledgment

☐ Certification ☐ Oath/Affirmation

☐ Other _____

Document type: _____

Document date: _____ / _____ / _____

Identification

☐ Individual

☐ Credible Witness

Thumb Print

☐ Driver's License ☐ Passport

☐ Known Personally ☐ ID Card

☐ Other _____

ID#: _____

Issued by: _____

Issued on: _____ / _____ / _____

Expires on: _____ / _____ / _____

Individual

Name: (print)

Address:

Phone: (or email)

Signature:

Witness

Name: (print)

Address:

Phone: (or email)

Signature:

Notary Public Logbook Entry # 258

Date & Time: _____ / _____ / _____   _____ : _____ am/pm

Place:

Fee: $ _____

Travel: _____

Service

- [ ] Jurat
- [ ] Certification
- [ ] Acknowledgment
- [ ] Oath/Affirmation
- [ ] Other _____

Document type: _____

Document date: _____ / _____ / _____

Identification

- [ ] Individual
- [ ] Credible Witness

Thumb Print

- [ ] Driver's License
- [ ] Known Personally
- [ ] Passport
- [ ] ID Card
- [ ] Other _____

ID#: _____

Issued by: _____

Issued on: _____ / _____ / _____

Expires on: _____ / _____ / _____

Individual

Name:
(print)

Address:

Phone:
(or email)

Signature:

Witness

Name:
(print)

Address:

Phone:
(or email)

Signature:

Notary Public Logbook Entry # 259

Date & Time: _____ / _____ / _____   _____ : _____ am/pm

Place:

Fee: $ _____

Travel: _____

Service

☐ Jurat   ☐ Acknowledgment

☐ Certification   ☐ Oath/Affirmation

☐ Other _____

Document type: _____

Document date: _____ / _____ / _____

Identification

☐ Individual   ☐ Driver's License   ☐ Passport

☐ Credible Witness   ☐ Known Personally   ☐ ID Card

Thumb Print   ☐ Other _____

ID#: _____

Issued by: _____

Issued on: _____ / _____ / _____

Expires on: _____ / _____ / _____

Individual

Name:
(print)

Address:

Phone:
(or email)

Signature:

Witness

Name:
(print)

Address:

Phone:
(or email)

Signature:

Notary Public Logbook Entry # 260

Date & Time: _____ / _____ / _____   _____ : _____ am/pm

Place:

Fee: $ _____

Travel: _____

Service

☐ Jurat   ☐ Acknowledgment
☐ Certification   ☐ Oath/Affirmation
☐ Other _____

Document type: _____

Document date: _____ / _____ / _____

Identification

☐ Individual
☐ Credible Witness

☐ Driver's License   ☐ Passport
☐ Known Personally   ☐ ID Card

Thumb Print

☐ Other _____

ID#: _____

Issued by: _____

Issued on: _____ / _____ / _____

Expires on: _____ / _____ / _____

Individual

Name:
(print)

Address:

Phone:
(or email)

Signature:

Witness

Name:
(print)

Address:

Phone:
(or email)

Signature:

Notary Public Logbook Entry # 261

Date & Time: _____ / _____ / _____   _____ : _____ am/pm

Place:

Fee: $ _____

Travel: _____

Service

☐ Jurat   ☐ Acknowledgment

☐ Certification   ☐ Oath/Affirmation

☐ Other _____

Document type: _____

Document date: _____ / _____ / _____

Identification

☐ Individual

☐ Credible Witness

Thumb Print

☐ Driver's License   ☐ Passport

☐ Known Personally   ☐ ID Card

☐ Other _____

ID#: _____

Issued by: _____

Issued on: _____ / _____ / _____

Expires on: _____ / _____ / _____

Individual

Name:
(print)

Address:

Phone:
(or email)

Signature:

Witness

Name:
(print)

Address:

Phone:
(or email)

Signature:

Notary Public Logbook Entry # 262

Date & Time: _____ / _____ / _____   _____ : _____ am/pm

Place:

Fee: $ _____

Travel: _____

Service

☐ Jurat   ☐ Acknowledgment

☐ Certification   ☐ Oath/Affirmation

☐ Other _____

Document type: _____

Document date: _____ / _____ / _____

Identification

☐ Individual   ☐ Driver's License   ☐ Passport

☐ Credible Witness   ☐ Known Personally   ☐ ID Card

Thumb Print

☐ Other _____

ID#: _____

Issued by: _____

Issued on: _____ / _____ / _____

Expires on: _____ / _____ / _____

Individual

Name:
(print)

Address:

Phone:
(or email)

Signature:

Witness

Name:
(print)

Address:

Phone:
(or email)

Signature:

Notary Public Logbook Entry # 263

Date & Time: _____ / _____ / _____   _____ : _____ am/pm

Place:

Fee: $ _____

Travel: _____

Service

☐ Jurat   ☐ Acknowledgment

☐ Certification ☐ Oath/Affirmation

☐ Other _____

Document type: _____

Document date: _____ / _____ / _____

Identification

☐ Individual   ☐ Driver's License ☐ Passport

☐ Credible Witness   ☐ Known Personally ☐ ID Card

Thumb Print

☐ Other _____

ID#: _____

Issued by: _____

Issued on: _____ / _____ / _____

Expires on: _____ / _____ / _____

Individual

Name:
(print)

Address:

Phone:
(or email)

Signature:

Witness

Name:
(print)

Address:

Phone:
(or email)

Signature:

Notary Public Logbook Entry # 264

Date & Time: _____ / _____ / _____   _____ : _____ am/pm

Place:

Fee: $ _____

Travel: _____

Service

☐ Jurat   ☐ Acknowledgment

☐ Certification   ☐ Oath/Affirmation

☐ Other _____

Document type: _____

Document date: _____ / _____ / _____

Identification

☐ Individual   ☐ Driver's License   ☐ Passport

☐ Credible Witness   ☐ Known Personally   ☐ ID Card

Thumb Print

☐ Other _____

ID#: _____

Issued by: _____

Issued on: _____ / _____ / _____

Expires on: _____ / _____ / _____

Individual

Name:
(print)

Address:

Phone:
(or email)

Signature:

Witness

Name:
(print)

Address:

Phone:
(or email)

Signature:

Notary Public Logbook Entry # 265

Date & Time: _____ / _____ / _____   _____ : _____ am/pm

Place: _____

Fee: $ _____

Travel: _____

Service

☐ Jurat   ☐ Acknowledgment
☐ Certification   ☐ Oath/Affirmation

☐ Other _____

Document type: _____

Document date: _____ / _____ / _____

Identification

☐ Individual   ☐ Driver's License   ☐ Passport
☐ Credible Witness   ☐ Known Personally   ☐ ID Card

Thumb Print   ☐ Other _____

ID#: _____

Issued by: _____

Issued on: _____ / _____ / _____

Expires on: _____ / _____ / _____

Individual

Name: (print)

Address:

Phone: (or email)

Signature:

Witness

Name: (print)

Address:

Phone: (or email)

Signature:

Notary Public Logbook Entry # 266

Date & Time: _____ / _____ / _____   _____ : _____ am/pm

Place:

Fee: $ _____

Travel: _____

Service

☐ Jurat   ☐ Acknowledgment

☐ Certification   ☐ Oath/Affirmation

☐ Other _____

Document type: _____

Document date: _____ / _____ / _____

Identification

☐ Individual   ☐ Driver's License   ☐ Passport

☐ Credible Witness   ☐ Known Personally   ☐ ID Card

Thumb Print

☐ Other _____

ID#: _____

Issued by: _____

Issued on: _____ / _____ / _____

Expires on: _____ / _____ / _____

Individual

Name:
(print)

Address:

Phone:
(or email)

Signature:

Witness

Name:
(print)

Address:

Phone:
(or email)

Signature:

Notary Public Logbook Entry # 267

Date & Time: _____ / _____ / _____   _____ : _____ am/pm

Place:

Fee: $ _____

Travel: _____

Service

☐ Jurat   ☐ Acknowledgment

☐ Certification ☐ Oath/Affirmation

☐ Other _____

Document type: _____

Document date: _____ / _____ / _____

Identification

☐ Individual   ☐ Driver's License   ☐ Passport

☐ Credible Witness   ☐ Known Personally   ☐ ID Card

Thumb Print

☐ Other _____

ID#: _____

Issued by: _____

Issued on: _____ / _____ / _____

Expires on: _____ / _____ / _____

Individual

Name:
(print)

Address:

Phone:
(or email)

Signature:

Witness

Name:
(print)

Address:

Phone:
(or email)

Signature:

Notary Public Logbook Entry # 268

Date & Time: _____ / _____ / _____ _____ : _____ am/pm

Place:

Fee: $ _____

Travel: _____

Service

- [ ] Jurat
- [ ] Acknowledgment
- [ ] Certification
- [ ] Oath/Affirmation
- [ ] Other _____

Document type: _____

Document date: _____ / _____ / _____

Identification

- [ ] Individual
- [ ] Credible Witness

Thumb Print

- [ ] Driver's License
- [ ] Passport
- [ ] Known Personally
- [ ] ID Card
- [ ] Other _____

ID#: _____

Issued by: _____

Issued on: _____ / _____ / _____

Expires on: _____ / _____ / _____

Individual

Name: (print)

Address:

Phone: (or email)

Signature:

Witness

Name: (print)

Address:

Phone: (or email)

Signature:

Notary Public Logbook Entry # 269

Date & Time: _____ / _____ / _____   _____ : _____ am/pm

Place:

Fee: $ _____

Travel: _____

Service

☐ Jurat   ☐ Acknowledgment

☐ Certification   ☐ Oath/Affirmation

☐ Other _____

Document type: _____

Document date: _____ / _____ / _____

Individual

Name:
(print)

Address:

Phone:
(or email)

Signature:

Identification

☐ Individual

☐ Credible Witness

Thumb Print

☐ Driver's License   ☐ Passport

☐ Known Personally   ☐ ID Card

☐ Other _____

ID#: _____

Issued by: _____

Issued on: _____ / _____ / _____

Expires on: _____ / _____ / _____

Witness

Name:
(print)

Address:

Phone:
(or email)

Signature:

Notary Public Logbook Entry # 270

Date & Time: _____ / _____ / _____   _____ : _____ am/pm

Place:

Fee: $ _____

Travel: _____

Service

☐ Jurat   ☐ Acknowledgment

☐ Certification ☐ Oath/Affirmation

☐ Other _____

Document type: _____

Document date: _____ / _____ / _____

Identification

☐ Individual   ☐ Driver's License ☐ Passport

☐ Credible Witness   ☐ Known Personally ☐ ID Card

Thumb Print   ☐ Other _____

ID#: _____

Issued by: _____

Issued on: _____ / _____ / _____

Expires on: _____ / _____ / _____

Individual

Name:
(print)

Address:

Phone:
(or email)

Signature:

Witness

Name:
(print)

Address:

Phone:
(or email)

Signature:

Notary Public Logbook Entry # 271

Date & Time: _____ / _____ / _____ _____ : _____ am/pm

Place:

Fee: $ _____

Travel: _____

Service

☐ Jurat ☐ Acknowledgment

☐ Certification ☐ Oath/Affirmation

☐ Other _____

Document type: _____

Document date: _____ / _____ / _____

Identification

☐ Individual

☐ Credible Witness

Thumb Print

☐ Driver's License ☐ Passport

☐ Known Personally ☐ ID Card

☐ Other _____

ID#: _____

Issued by: _____

Issued on: _____ / _____ / _____

Expires on: _____ / _____ / _____

Individual

Name:
(print)

Address:

Phone:
(or email)

Signature:

Witness

Name:
(print)

Address:

Phone:
(or email)

Signature:

Notary Public Logbook Entry # 272

Date & Time: _____ / _____ / _____ _____ : _____ am/pm

Place:

Fee: $ _____

Travel: _____

Service

☐ Jurat   ☐ Acknowledgment

☐ Certification   ☐ Oath/Affirmation

☐ Other _____

Document type: _____

Document date: _____ / _____ / _____

Identification

☐ Individual

☐ Credible Witness

☐ Driver's License   ☐ Passport

☐ Known Personally   ☐ ID Card

Thumb Print

☐ Other _____

ID#: _____

Issued by: _____

Issued on: _____ / _____ / _____

Expires on: _____ / _____ / _____

Individual

Name:
(print)

Address:

Phone:
(or email)

Signature:

Witness

Name:
(print)

Address:

Phone:
(or email)

Signature:

Notary Public Logbook Entry # 273

Date & Time: _____ / _____ / _____   _____ : _____ am/pm

Place:

Fee: $ _____

Travel: _____

Service

☐ Jurat   ☐ Acknowledgment

☐ Certification   ☐ Oath/Affirmation

☐ Other _____

Document type: _____

Document date: _____ / _____ / _____

Identification

☐ Individual   ☐ Driver's License   ☐ Passport

☐ Credible Witness   ☐ Known Personally   ☐ ID Card

Thumb Print

☐ Other _____

ID#: _____

Issued by: _____

Issued on: _____ / _____ / _____

Expires on: _____ / _____ / _____

Individual

Name:
(print)

Address:

Phone:
(or email)

Signature:

Witness

Name:
(print)

Address:

Phone:
(or email)

Signature:

Notary Public Logbook Entry # 274

Date & Time: _____ / _____ / _____   _____ : _____ am/pm

Place:

Fee: $ _____

Travel: _____

Service

☐ Jurat   ☐ Acknowledgment

☐ Certification ☐ Oath/Affirmation

☐ Other _____

Document type: _____

Document date: _____ / _____ / _____

Identification

☐ Individual   ☐ Driver's License   ☐ Passport

☐ Credible Witness   ☐ Known Personally   ☐ ID Card

Thumb Print

☐ Other _____

ID#: _____

Issued by: _____

Issued on: _____ / _____ / _____

Expires on: _____ / _____ / _____

Individual

Name:
(print)

Address:

Phone:
(or email)

Signature:

Witness

Name:
(print)

Address:

Phone:
(or email)

Signature:

Notary Public Logbook Entry # 275

Date & Time: _____ / _____ / _____   _____ : _____ am/pm

Place:

Fee: $ _____

Travel: _____

Service

☐ Jurat   ☐ Acknowledgment

☐ Certification   ☐ Oath/Affirmation

☐ Other _____

Document type: _____

Document date: _____ / _____ / _____

Identification

☐ Individual
☐ Credible Witness

Thumb Print

☐ Driver's License   ☐ Passport
☐ Known Personally   ☐ ID Card

☐ Other _____

ID#: _____

Issued by: _____

Issued on: _____ / _____ / _____

Expires on: _____ / _____ / _____

Individual

Name:
(print)

Address:

Phone:
(or email)

Signature:

Witness

Name:
(print)

Address:

Phone:
(or email)

Signature:

Notary Public Logbook Entry # 276

Date & Time: _____ / _____ / _____   _____ : _____ am/pm

Place:

Fee: $ _____

Travel: _____

Service

☐ Jurat   ☐ Acknowledgment

☐ Certification   ☐ Oath/Affirmation

☐ Other _____

Document type: _____

Document date: _____ / _____ / _____

Identification

☐ Individual   ☐ Driver's License   ☐ Passport

☐ Credible Witness   ☐ Known Personally   ☐ ID Card

Thumb Print   ☐ Other _____

ID#: _____

Issued by: _____

Issued on: _____ / _____ / _____

Expires on: _____ / _____ / _____

Individual

Name:
(print)

Address:

Phone:
(or email)

Signature:

Witness

Name:
(print)

Address:

Phone:
(or email)

Signature:

Notary Public Logbook Entry # 277

Date & Time: _____ / _____ / _____   _____ : _____ am/pm

Place:

Fee: $ _____

Travel: _____

Service

- [ ] Jurat
- [ ] Certification
- [ ] Acknowledgment
- [ ] Oath/Affirmation
- [ ] Other _____

Document type: _____

Document date: _____ / _____ / _____

Identification

- [ ] Individual
- [ ] Credible Witness

Thumb Print

- [ ] Driver's License
- [ ] Known Personally
- [ ] Passport
- [ ] ID Card
- [ ] Other _____

ID#: _____

Issued by: _____

Issued on: _____ / _____ / _____

Expires on: _____ / _____ / _____

Individual

Name:
(print)

Address:

Phone:
(or email)

Signature:

Witness

Name:
(print)

Address:

Phone:
(or email)

Signature:

Notary Public Logbook Entry # 278

Date & Time: _____ / _____ / _____ _____ : _____ am/pm

Place:

Fee: $ _____

Travel: _____

Service

☐ Jurat   ☐ Acknowledgment

☐ Certification   ☐ Oath/Affirmation

☐ Other _____

Document type: _____

Document date: _____ / _____ / _____

Identification

☐ Individual

☐ Credible Witness

Thumb Print

☐ Driver's License   ☐ Passport

☐ Known Personally   ☐ ID Card

☐ Other _____

ID#: _____

Issued by: _____

Issued on: _____ / _____ / _____

Expires on: _____ / _____ / _____

Individual

Name:
(print)

Address:

Phone:
(or email)

Signature:

Witness

Name:
(print)

Address:

Phone:
(or email)

Signature:

Notary Public Logbook Entry # 279

Date & Time: _____ / _____ / _____   _____ : _____ am/pm

Place:

Fee: $ _____

Travel: _____

Service

- [ ] Jurat
- [ ] Acknowledgment
- [ ] Certification
- [ ] Oath/Affirmation
- [ ] Other _____

Document type: _____

Document date: _____ / _____ / _____

Identification

- [ ] Individual
- [ ] Credible Witness

Thumb Print

- [ ] Driver's License
- [ ] Passport
- [ ] Known Personally
- [ ] ID Card
- [ ] Other _____

ID#: _____

Issued by: _____

Issued on: _____ / _____ / _____

Expires on: _____ / _____ / _____

Individual

Name:
(print)

Address:

Phone:
(or email)

Signature:

Witness

Name:
(print)

Address:

Phone:
(or email)

Signature:

Notary Public Logbook Entry # 280

Date & Time: _____ / _____ / _____   _____ : _____ am/pm

Place:

Fee: $ _____

Travel: _____

Service

☐ Jurat   ☐ Acknowledgment

☐ Certification   ☐ Oath/Affirmation

☐ Other _____

Document type: _____

Document date: _____ / _____ / _____

Identification

☐ Individual

☐ Credible Witness

Thumb Print

☐ Driver's License   ☐ Passport

☐ Known Personally   ☐ ID Card

☐ Other _____

ID#: _____

Issued by: _____

Issued on: _____ / _____ / _____

Expires on: _____ / _____ / _____

Individual

Name:
(print)

Address:

Phone:
(or email)

Signature:

Witness

Name:
(print)

Address:

Phone:
(or email)

Signature:

Notary Public Logbook Entry # 281

Date & Time: _____ / _____ / _____   _____ : _____ am/pm

Place:

Fee: $ _____

Travel: _____

Service

- [ ] Jurat
- [ ] Certification
- [ ] Acknowledgment
- [ ] Oath/Affirmation
- [ ] Other _____

Document type: _____

Document date: _____ / _____ / _____

Identification

- [ ] Individual
- [ ] Credible Witness

Thumb Print

- [ ] Driver's License
- [ ] Known Personally
- [ ] Passport
- [ ] ID Card
- [ ] Other _____

ID#: _____

Issued by: _____

Issued on: _____ / _____ / _____

Expires on: _____ / _____ / _____

Individual

Name:
(print)

Address:

Phone:
(or email)

Signature:

Witness

Name:
(print)

Address:

Phone:
(or email)

Signature:

Notary Public Logbook Entry # 282

Date & Time: _____ / _____ / _____   _____ : _____ am/pm

Place:

Fee: $ _____

Travel: _____

Service

☐ Jurat   ☐ Acknowledgment

☐ Certification ☐ Oath/Affirmation

☐ Other _____

Document type: _____

Document date: _____ / _____ / _____

Identification

☐ Individual

☐ Credible Witness

Thumb Print

☐ Driver's License   ☐ Passport

☐ Known Personally   ☐ ID Card

☐ Other _____

ID#: _____

Issued by: _____

Issued on: _____ / _____ / _____

Expires on: _____ / _____ / _____

Individual

Name:
(print)

Address:

Phone:
(or email)

Signature:

Witness

Name:
(print)

Address:

Phone:
(or email)

Signature:

Notary Public Logbook Entry # 283

Date & Time: _____ / _____ / _____   _____ : _____ am/pm

Place:

Fee: $ _____

Travel: _____

Service

☐ Jurat ☐ Acknowledgment

☐ Certification ☐ Oath/Affirmation

☐ Other _____

Document type: _____

Document date: _____ / _____ / _____

Identification

☐ Individual

☐ Credible Witness

Thumb Print

☐ Driver's License ☐ Passport

☐ Known Personally ☐ ID Card

☐ Other _____

ID#: _____

Issued by: _____

Issued on: _____ / _____ / _____

Expires on: _____ / _____ / _____

Individual

Name:
(print)

Address:

Phone:
(or email)

Signature:

Witness

Name:
(print)

Address:

Phone:
(or email)

Signature:

Notary Public Logbook Entry # 284

Date & Time: _____ / _____ / _____   _____ : _____ am/pm

Place:

Fee: $ _____

Travel: _____

Service

☐ Jurat ☐ Acknowledgment

☐ Certification ☐ Oath/Affirmation

☐ Other _____

Document type: _____

Document date: _____ / _____ / _____

Identification

☐ Individual ☐ Driver's License ☐ Passport

☐ Credible Witness ☐ Known Personally ☐ ID Card

Thumb Print

☐ Other _____

ID#: _____

Issued by: _____

Issued on: _____ / _____ / _____

Expires on: _____ / _____ / _____

Individual

Name:
(print)

Address:

Phone:
(or email)

Signature:

Witness

Name:
(print)

Address:

Phone:
(or email)

Signature:

Notary Public Logbook Entry # 285

Date & Time: _____ / _____ / _____ _____ : _____ am/pm

Place:

Fee: $ _____

Travel: _____

Service

- [ ] Jurat
- [ ] Certification
- [ ] Acknowledgment
- [ ] Oath/Affirmation
- [ ] Other _____

Document type: _____

Document date: _____ / _____ / _____

Identification

- [ ] Individual
- [ ] Credible Witness

Thumb Print

- [ ] Driver's License
- [ ] Known Personally
- [ ] Passport
- [ ] ID Card
- [ ] Other _____

ID#: _____

Issued by: _____

Issued on: _____ / _____ / _____

Expires on: _____ / _____ / _____

Individual

Name:
(print)

Address:

Phone:
(or email)

Signature:

Witness

Name:
(print)

Address:

Phone:
(or email)

Signature:

Notary Public Logbook Entry # 286

Date & Time: _____ / _____ / _____ _____ : _____ am/pm

Place: _____

Fee: $ _____

Travel: _____

Service

☐ Jurat   ☐ Acknowledgment

☐ Certification   ☐ Oath/Affirmation

☐ Other _____

Document type: _____

Document date: _____ / _____ / _____

Identification

☐ Individual   ☐ Driver's License   ☐ Passport

☐ Credible Witness   ☐ Known Personally   ☐ ID Card

Thumb Print

☐ Other _____

ID#: _____

Issued by: _____

Issued on: _____ / _____ / _____

Expires on: _____ / _____ / _____

Individual

Name:
(print)

Address:

Phone:
(or email)

Signature:

Witness

Name:
(print)

Address:

Phone:
(or email)

Signature:

Notary Public Logbook Entry # 287

Date & Time: _____ / _____ / _____   _____ : _____ am/pm

Place:

Fee: $ _____

Travel: _____

Service

☐ Jurat   ☐ Acknowledgment
☐ Certification   ☐ Oath/Affirmation

☐ Other _____

Document type: _____

Document date: _____ / _____ / _____

Identification

☐ Individual   ☐ Driver's License   ☐ Passport
☐ Credible Witness   ☐ Known Personally   ☐ ID Card

Thumb Print   ☐ Other _____

ID#: _____

Issued by: _____

Issued on: _____ / _____ / _____

Expires on: _____ / _____ / _____

Individual

Name:
(print)

Address:

Phone:
(or email)

Signature:

Witness

Name:
(print)

Address:

Phone:
(or email)

Signature:

Notary Public Logbook Entry # 288

Date & Time: _____ / _____ / _____ _____ : _____ am/pm

Place:

Fee: $ _____

Travel: _____

Service

☐ Jurat ☐ Acknowledgment

☐ Certification ☐ Oath/Affirmation

☐ Other _____

Document type: _____

Document date: _____ / _____ / _____

Identification

☐ Individual

☐ Credible Witness

☐ Driver's License ☐ Passport

☐ Known Personally ☐ ID Card

☐ Other _____

Thumb Print

ID#: _____

Issued by: _____

Issued on: _____ / _____ / _____

Expires on: _____ / _____ / _____

Individual

Name:
(print)

Address:

Phone:
(or email)

Signature:

Witness

Name:
(print)

Address:

Phone:
(or email)

Signature:

Notary Public Logbook Entry # 289

Date & Time: _____ / _____ / _____   _____ : _____ am/pm

Place: _____

Fee: $ _____

Travel: _____

Service

☐ Jurat   ☐ Acknowledgment

☐ Certification   ☐ Oath/Affirmation

☐ Other _____

Document type: _____

Document date: _____ / _____ / _____

Identification

☐ Individual
☐ Credible Witness

Thumb Print

☐ Driver's License   ☐ Passport
☐ Known Personally   ☐ ID Card

☐ Other _____

ID#: _____

Issued by: _____

Issued on: _____ / _____ / _____

Expires on: _____ / _____ / _____

Individual

Name:
(print)

Address:

Phone:
(or email)

Signature:

Witness

Name:
(print)

Address:

Phone:
(or email)

Signature:

Notary Public Logbook Entry # 290

Date & Time: _____ / _____ / _____   _____ : _____ am/pm

Place:

Fee: $ _____

Travel: _____

Service

☐ Jurat   ☐ Acknowledgment

☐ Certification ☐ Oath/Affirmation

☐ Other _____

Document type: _____

Document date: _____ / _____ / _____

Identification

☐ Individual

☐ Credible Witness

Thumb Print

☐ Driver's License   ☐ Passport

☐ Known Personally   ☐ ID Card

☐ Other _____

ID#: _____

Issued by: _____

Issued on: _____ / _____ / _____

Expires on: _____ / _____ / _____

Individual

Name:
(print)

Address:

Phone:
(or email)

Signature:

Witness

Name:
(print)

Address:

Phone:
(or email)

Signature:

Notary Public Logbook Entry # 291

Date & Time: _____ / _____ / _____   _____ : _____ am/pm

Place: _____

Fee: $ _____

Travel: _____

Service

☐ Jurat   ☐ Acknowledgment

☐ Certification   ☐ Oath/Affirmation

☐ Other _____

Document type: _____

Document date: _____ / _____ / _____

Identification

☐ Individual

☐ Credible Witness

Thumb Print

☐ Driver's License   ☐ Passport

☐ Known Personally   ☐ ID Card

☐ Other _____

ID#: _____

Issued by: _____

Issued on: _____ / _____ / _____

Expires on: _____ / _____ / _____

Individual

Name:
(print)

Address:

Phone:
(or email)

Signature:

Witness

Name:
(print)

Address:

Phone:
(or email)

Signature:

Notary Public Logbook Entry # 292

Date & Time: _____ / _____ / _____   _____ : _____ am/pm

Place:

Fee: $ _____

Travel: _____

Individual

Name:
(print)

Address:

Phone:
(or email)

Signature:

Service

- [ ] Jurat
- [ ] Acknowledgment
- [ ] Certification
- [ ] Oath/Affirmation
- [ ] Other _____

Document type: _____

Document date: _____ / _____ / _____

Identification

- [ ] Individual
- [ ] Credible Witness

Thumb Print

- [ ] Driver's License
- [ ] Passport
- [ ] Known Personally
- [ ] ID Card
- [ ] Other _____

ID#: _____

Issued by: _____

Issued on: _____ / _____ / _____

Expires on: _____ / _____ / _____

Witness

Name:
(print)

Address:

Phone:
(or email)

Signature:

Notary Public Logbook Entry # 293

Date & Time: _____ / _____ / _____   _____ : _____ am/pm

Place:

Fee: $ _____

Travel: _____

Service

☐ Jurat   ☐ Acknowledgment

☐ Certification ☐ Oath/Affirmation

☐ Other _____

Document type: _____

Document date: _____ / _____ / _____

Identification

☐ Individual   ☐ Driver's License   ☐ Passport

☐ Credible Witness   ☐ Known Personally   ☐ ID Card

Thumb Print   ☐ Other _____

ID#: _____

Issued by: _____

Issued on: _____ / _____ / _____

Expires on: _____ / _____ / _____

Individual

Name:
(print)

Address:

Phone:
(or email)

Signature:

Witness

Name:
(print)

Address:

Phone:
(or email)

Signature:

Notary Public Logbook Entry # 294

Date & Time: _____ / _____ / _____ _____ : _____ am/pm

Place:

Fee: $ _____

Travel: _____

Service

- [ ] Jurat
- [ ] Acknowledgment
- [ ] Certification
- [ ] Oath/Affirmation
- [ ] Other _____

Document type: _____

Document date: _____ / _____ / _____

Identification

- [ ] Individual
- [ ] Credible Witness

Thumb Print

- [ ] Driver's License
- [ ] Passport
- [ ] Known Personally
- [ ] ID Card
- [ ] Other _____

ID#: _____

Issued by: _____

Issued on: _____ / _____ / _____

Expires on: _____ / _____ / _____

Individual

Name:
(print)

Address:

Phone:
(or email)

Signature:

Witness

Name:
(print)

Address:

Phone:
(or email)

Signature:

Notary Public Logbook Entry # 295

Date & Time: _____ / _____ / _____   _____ : _____ am/pm

Place:

Fee: $ _____

Travel: _____

Service

☐ Jurat   ☐ Acknowledgment

☐ Certification ☐ Oath/Affirmation

☐ Other _____

Document type: _____

Document date: _____ / _____ / _____

Identification

☐ Individual   ☐ Driver's License   ☐ Passport

☐ Credible Witness   ☐ Known Personally   ☐ ID Card

Thumb Print

☐ Other _____

ID#: _____

Issued by: _____

Issued on: _____ / _____ / _____

Expires on: _____ / _____ / _____

Individual

Name:
(print)

Address:

Phone:
(or email)

Signature:

Witness

Name:
(print)

Address:

Phone:
(or email)

Signature:

Notary Public Logbook Entry # 296

Date & Time: _____ / _____ / _____   _____ : _____ am/pm

Place:

Fee: $ _____

Travel: _____

Service

☐ Jurat   ☐ Acknowledgment

☐ Certification   ☐ Oath/Affirmation

☐ Other _____

Document type: _____

Document date: _____ / _____ / _____

Identification

☐ Individual

☐ Credible Witness

Thumb Print

☐ Driver's License   ☐ Passport

☐ Known Personally   ☐ ID Card

☐ Other _____

ID#: _____

Issued by: _____

Issued on: _____ / _____ / _____

Expires on: _____ / _____ / _____

Individual

Name:
(print)

Address:

Phone:
(or email)

Signature:

Witness

Name:
(print)

Address:

Phone:
(or email)

Signature:

Notary Public Logbook Entry # 297

Date & Time: _____ / _____ / _____ _____ : _____ am/pm

Place:

Fee: $ _____

Travel: _____

Individual

Name:
(print)

Address:

Phone:
(or email)

Signature:

Service

☐ Jurat ☐ Acknowledgment

☐ Certification ☐ Oath/Affirmation

☐ Other _____

Document type: _____

Document date: _____ / _____ / _____

Identification

☐ Individual

☐ Credible Witness

☐ Driver's License ☐ Passport

☐ Known Personally ☐ ID Card

☐ Other _____

Thumb Print

ID#: _____

Issued by: _____

Issued on: _____ / _____ / _____

Expires on: _____ / _____ / _____

Witness

Name:
(print)

Address:

Phone:
(or email)

Signature:

Notary Public Logbook Entry # 298

Date & Time: _____ / _____ / _____ _____ : _____ am/pm

Place:

Fee: $ _____

Travel: _____

Service

☐ Jurat ☐ Acknowledgment

☐ Certification ☐ Oath/Affirmation

☐ Other _____

Document type: _____

Document date: _____ / _____ / _____

Identification

☐ Individual

☐ Credible Witness

Thumb Print

☐ Driver's License ☐ Passport

☐ Known Personally ☐ ID Card

☐ Other _____

ID#: _____

Issued by: _____

Issued on: _____ / _____ / _____

Expires on: _____ / _____ / _____

Individual

Name: (print)

Address:

Phone: (or email)

Signature:

Witness

Name: (print)

Address:

Phone: (or email)

Signature:

Notary Public Logbook Entry # 299

Date & Time: _____ / _____ / _____   _____ : _____ am/pm

Place:

Fee: $ _____

Travel: _____

Individual

Name:
(print)

Address:

Phone:
(or email)

Signature:

Service

- [ ] Jurat
- [ ] Acknowledgment
- [ ] Certification
- [ ] Oath/Affirmation
- [ ] Other _____

Document type: _____

Document date: _____ / _____ / _____

Identification

- [ ] Individual
- [ ] Credible Witness

- [ ] Driver's License
- [ ] Passport
- [ ] Known Personally
- [ ] ID Card

Thumb Print

- [ ] Other _____

ID#: _____

Issued by: _____

Issued on: _____ / _____ / _____

Expires on: _____ / _____ / _____

Witness

Name:
(print)

Address:

Phone:
(or email)

Signature:

Notary Public Logbook Entry # 300

Date & Time: _____ / _____ / _____   _____ : _____ am/pm

Place:

Fee: $ _____

Travel: _____

Service

☐ Jurat   ☐ Acknowledgment

☐ Certification   ☐ Oath/Affirmation

☐ Other _____

Document type: _____

Document date: _____ / _____ / _____

Identification

☐ Individual

☐ Credible Witness

Thumb Print

☐ Driver's License   ☐ Passport

☐ Known Personally   ☐ ID Card

☐ Other _____

ID#: _____

Issued by: _____

Issued on: _____ / _____ / _____

Expires on: _____ / _____ / _____

Individual

Name:
(print)

Address:

Phone:
(or email)

Signature:

Witness

Name:
(print)

Address:

Phone:
(or email)

Signature:

Notary Public Logbook Entry # 301

Date & Time: _____ / _____ / _____   _____ : _____ am/pm

Place:

Fee: $ _____

Travel: _____

Service

☐ Jurat   ☐ Acknowledgment

☐ Certification ☐ Oath/Affirmation

☐ Other _____

Document type: _____

Document date: _____ / _____ / _____

Identification

☐ Individual

☐ Credible Witness

Thumb Print

☐ Driver's License   ☐ Passport

☐ Known Personally   ☐ ID Card

☐ Other _____

ID#: _____

Issued by: _____

Issued on: _____ / _____ / _____

Expires on: _____ / _____ / _____

Individual

Name:
(print)

Address:

Phone:
(or email)

Signature:

Witness

Name:
(print)

Address:

Phone:
(or email)

Signature:

Notary Public Logbook Entry # 302

Date & Time: _____ / _____ / _____   _____ : _____ am/pm

Place:

Fee: $ _____

Travel: _____

Service

- [ ] Jurat
- [ ] Acknowledgment
- [ ] Certification
- [ ] Oath/Affirmation
- [ ] Other _____

Document type: _____

Document date: _____ / _____ / _____

Identification

- [ ] Individual
- [ ] Credible Witness

Thumb Print

- [ ] Driver's License
- [ ] Passport
- [ ] Known Personally
- [ ] ID Card
- [ ] Other _____

ID#: _____

Issued by: _____

Issued on: _____ / _____ / _____

Expires on: _____ / _____ / _____

Individual

Name:
(print)

Address:

Phone:
(or email)

Signature:

Witness

Name:
(print)

Address:

Phone:
(or email)

Signature:

Notary Public Logbook Entry # 303

Date & Time: _____ / _____ / _____   _____ : _____ am/pm

Place:

Fee: $ _____

Travel: _____

Service

☐ Jurat   ☐ Acknowledgment

☐ Certification   ☐ Oath/Affirmation

☐ Other _____

Document type: _____

Document date: _____ / _____ / _____

Identification

☐ Individual   ☐ Driver's License   ☐ Passport

☐ Credible Witness   ☐ Known Personally   ☐ ID Card

Thumb Print   ☐ Other _____

ID#: _____

Issued by: _____

Issued on: _____ / _____ / _____

Expires on: _____ / _____ / _____

Individual

Name:
(print)

Address:

Phone:
(or email)

Signature:

Witness

Name:
(print)

Address:

Phone:
(or email)

Signature:

Notary Public Logbook Entry # 304

Date & Time: _____ / _____ / _____   _____ : _____ am/pm

Place:

Fee: $ _____

Travel: _____

Service

☐ Jurat ☐ Acknowledgment
☐ Certification ☐ Oath/Affirmation
☐ Other _____

Document type: _____

Document date: _____ / _____ / _____

Identification

☐ Individual ☐ Driver's License ☐ Passport
☐ Credible Witness ☐ Known Personally ☐ ID Card

Thumb Print ☐ Other _____

ID#: _____

Issued by: _____

Issued on: _____ / _____ / _____

Expires on: _____ / _____ / _____

Individual

Name:
(print)

Address:

Phone:
(or email)

Signature:

Witness

Name:
(print)

Address:

Phone:
(or email)

Signature:

Notary Public Logbook Entry # 305

Date & Time: _____ / _____ / _____   _____ : _____ am/pm

Place:

Fee: $ _____

Travel: _____

Service

- [ ] Jurat
- [ ] Certification
- [ ] Acknowledgment
- [ ] Oath/Affirmation
- [ ] Other _____

Document type: _____

Document date: _____ / _____ / _____

Identification

- [ ] Individual
- [ ] Credible Witness

- [ ] Driver's License
- [ ] Known Personally
- [ ] Passport
- [ ] ID Card
- [ ] Other _____

Thumb Print

ID#: _____

Issued by: _____

Issued on: _____ / _____ / _____

Expires on: _____ / _____ / _____

Individual

Name:
(print)

Address:

Phone:
(or email)

Signature:

Witness

Name:
(print)

Address:

Phone:
(or email)

Signature:

Notary Public Logbook Entry # 306

Date & Time: _____ / _____ / _____   _____ : _____ am/pm

Place:

Fee: $ _____

Travel: _____

Service

☐ Jurat   ☐ Acknowledgment

☐ Certification ☐ Oath/Affirmation

☐ Other _____

Document type: _____

Document date: _____ / _____ / _____

Identification

☐ Individual

☐ Credible Witness

Thumb Print

☐ Driver's License   ☐ Passport

☐ Known Personally   ☐ ID Card

☐ Other _____

ID#: _____

Issued by: _____

Issued on: _____ / _____ / _____

Expires on: _____ / _____ / _____

Individual

Name:
(print)

Address:

Phone:
(or email)

Signature:

Witness

Name:
(print)

Address:

Phone:
(or email)

Signature:

Notary Public Logbook Entry # 307

Date & Time: _____ / _____ / _____   _____ : _____ am/pm

Place: _____

Fee: $ _____

Travel: _____

Service

☐ Jurat   ☐ Acknowledgment

☐ Certification   ☐ Oath/Affirmation

☐ Other _____

Document type: _____

Document date: _____ / _____ / _____

Identification

☐ Individual

☐ Credible Witness

Thumb Print

☐ Driver's License   ☐ Passport

☐ Known Personally   ☐ ID Card

☐ Other _____

ID#: _____

Issued by: _____

Issued on: _____ / _____ / _____

Expires on: _____ / _____ / _____

Individual

Name:
(print)

Address:

Phone:
(or email)

Signature:

Witness

Name:
(print)

Address:

Phone:
(or email)

Signature:

Notary Public Logbook Entry # 308

Date & Time: _____ / _____ / _____ _____ : _____ am/pm

Place:

Fee: $ _____

Travel: _____

Service

☐ Jurat ☐ Acknowledgment

☐ Certification ☐ Oath/Affirmation

☐ Other _____

Document type: _____

Document date: _____ / _____ / _____

Identification

☐ Individual

☐ Credible Witness

Thumb Print

☐ Driver's License ☐ Passport

☐ Known Personally ☐ ID Card

☐ Other _____

ID#: _____

Issued by: _____

Issued on: _____ / _____ / _____

Expires on: _____ / _____ / _____

Individual

Name:
(print)

Address:

Phone:
(or email)

Signature:

Witness

Name:
(print)

Address:

Phone:
(or email)

Signature:

Notary Public Logbook Entry # 309

Date & Time: _____ / _____ / _____   _____ : _____ am/pm

Place:

Fee: $ _____

Travel: _____

Service

☐ Jurat   ☐ Acknowledgment

☐ Certification   ☐ Oath/Affirmation

☐ Other _____

Document type: _____

Document date: _____ / _____ / _____

Identification

☐ Individual
☐ Credible Witness

☐ Driver's License   ☐ Passport
☐ Known Personally   ☐ ID Card

Thumb Print

☐ Other _____

ID#: _____

Issued by: _____

Issued on: _____ / _____ / _____

Expires on: _____ / _____ / _____

Individual

Name:
(print)

Address:

Phone:
(or email)

Signature:

Witness

Name:
(print)

Address:

Phone:
(or email)

Signature:

Notary Public Logbook Entry # 310

Date & Time: _____ / _____ / _____   _____ : _____ am/pm

Place:

Fee: $ _____

Travel: _____

Service

- [ ] Jurat
- [ ] Acknowledgment
- [ ] Certification
- [ ] Oath/Affirmation
- [ ] Other _____

Document type: _____

Document date: _____ / _____ / _____

Identification

- [ ] Individual
- [ ] Credible Witness

- [ ] Driver's License
- [ ] Passport
- [ ] Known Personally
- [ ] ID Card

Thumb Print

- [ ] Other _____

ID#: _____

Issued by: _____

Issued on: _____ / _____ / _____

Expires on: _____ / _____ / _____

Individual

Name:
(print)

Address:

Phone:
(or email)

Signature:

Witness

Name:
(print)

Address:

Phone:
(or email)

Signature:

Notary Public Logbook Entry # 311

Date & Time: _____ / _____ / _____   _____ : _____ am/pm

Place:

Fee: $ _____

Travel: _____

Individual

Name:
(print)

Address:

Phone:
(or email)

Signature:

Service

☐ Jurat   ☐ Acknowledgment

☐ Certification ☐ Oath/Affirmation

☐ Other _____

Document type: _____

Document date: _____ / _____ / _____

Identification

☐ Individual   ☐ Driver's License ☐ Passport

☐ Credible Witness   ☐ Known Personally ☐ ID Card

Thumb Print

☐ Other _____

ID#: _____

Issued by: _____

Issued on: _____ / _____ / _____

Expires on: _____ / _____ / _____

Witness

Name:
(print)

Address:

Phone:
(or email)

Signature:

Notary Public Logbook Entry # 312

Date & Time: _____ / _____ / _____   _____ : _____ am/pm

Place:

Fee: $ _____

Travel: _____

Service

- [ ] Jurat
- [ ] Acknowledgment
- [ ] Certification
- [ ] Oath/Affirmation
- [ ] Other _____

Document type: _____

Document date: _____ / _____ / _____

Identification

- [ ] Individual
- [ ] Credible Witness

Thumb Print

- [ ] Driver's License
- [ ] Passport
- [ ] Known Personally
- [ ] ID Card
- [ ] Other _____

ID#: _____

Issued by: _____

Issued on: _____ / _____ / _____

Expires on: _____ / _____ / _____

Individual

Name:
(print)

Address:

Phone:
(or email)

Signature:

Witness

Name:
(print)

Address:

Phone:
(or email)

Signature:

Notary Public Logbook Entry # 313

Date & Time: _____ / _____ / _____   _____ : _____ am/pm

Place:

Fee: $ _____

Travel: _____

Service

- [ ] Jurat
- [ ] Acknowledgment
- [ ] Certification
- [ ] Oath/Affirmation
- [ ] Other _____

Document type: _____

Document date: _____ / _____ / _____

Identification

- [ ] Individual
- [ ] Credible Witness

Thumb Print

- [ ] Driver's License
- [ ] Passport
- [ ] Known Personally
- [ ] ID Card
- [ ] Other _____

ID#: _____

Issued by: _____

Issued on: _____ / _____ / _____

Expires on: _____ / _____ / _____

Individual

Name:
(print)

Address:

Phone:
(or email)

Signature:

Witness

Name:
(print)

Address:

Phone:
(or email)

Signature:

Notary Public Logbook Entry # 314

Date & Time: _____ / _____ / _____ _____ : _____ am/pm

Place:

Fee: $ _____

Travel: _____

Service

☐ Jurat ☐ Acknowledgment

☐ Certification ☐ Oath/Affirmation

☐ Other _____

Document type: _____

Document date: _____ / _____ / _____

Identification

☐ Individual

☐ Credible Witness

Thumb Print

☐ Driver's License ☐ Passport

☐ Known Personally ☐ ID Card

☐ Other _____

ID#: _____

Issued by: _____

Issued on: _____ / _____ / _____

Expires on: _____ / _____ / _____

Individual

Name:
(print)

Address:

Phone:
(or email)

Signature:

Witness

Name:
(print)

Address:

Phone:
(or email)

Signature:

Notary Public Logbook Entry # 315

Date & Time: _____ / _____ / _____   _____ : _____ am/pm

Place:

Fee: $ _____

Travel: _____

Service

☐ Jurat ☐ Acknowledgment

☐ Certification ☐ Oath/Affirmation

☐ Other _____

Document type: _____

Document date: _____ / _____ / _____

Identification

☐ Individual

☐ Credible Witness

Thumb Print

☐ Driver's License ☐ Passport

☐ Known Personally ☐ ID Card

☐ Other _____

ID#: _____

Issued by: _____

Issued on: _____ / _____ / _____

Expires on: _____ / _____ / _____

Individual

Name:
(print)

Address:

Phone:
(or email)

Signature:

Witness

Name:
(print)

Address:

Phone:
(or email)

Signature:

Notary Public Logbook Entry # 316

Date & Time: _____ / _____ / _____   _____ : _____ am/pm

Place:

Fee: $ _____

Travel: _____

Service

☐ Jurat   ☐ Acknowledgment

☐ Certification   ☐ Oath/Affirmation

☐ Other _____

Document type: _____

Document date: _____ / _____ / _____

Identification

☐ Individual

☐ Credible Witness

Thumb Print

☐ Driver's License   ☐ Passport

☐ Known Personally   ☐ ID Card

☐ Other _____

ID#: _____

Issued by: _____

Issued on: _____ / _____ / _____

Expires on: _____ / _____ / _____

Individual

Name:
(print)

Address:

Phone:
(or email)

Signature:

Witness

Name:
(print)

Address:

Phone:
(or email)

Signature:

Notary Public Logbook Entry # 317

Date & Time: _____ / _____ / _____   _____ : _____ am/pm

Place:

Fee: $ _____

Travel: _____

Service

- [ ] Jurat
- [ ] Certification
- [ ] Acknowledgment
- [ ] Oath/Affirmation
- [ ] Other _____

Document type: _____

Document date: _____ / _____ / _____

Identification

- [ ] Individual
- [ ] Credible Witness

Thumb Print

- [ ] Driver's License
- [ ] Known Personally
- [ ] Passport
- [ ] ID Card
- [ ] Other _____

ID#: _____

Issued by: _____

Issued on: _____ / _____ / _____

Expires on: _____ / _____ / _____

Individual

Name:
(print)

Address:

Phone:
(or email)

Signature:

Witness

Name:
(print)

Address:

Phone:
(or email)

Signature:

Notary Public Logbook Entry # 318

Date & Time: _____ / _____ / _____   _____ : _____ am/pm

Place:

Fee: $ _____

Travel: _____

Service

☐ Jurat   ☐ Acknowledgment

☐ Certification ☐ Oath/Affirmation

☐ Other _____

Document type: _____

Document date: _____ / _____ / _____

Identification

☐ Individual   ☐ Driver's License   ☐ Passport

☐ Credible Witness   ☐ Known Personally   ☐ ID Card

Thumb Print

☐ Other _____

ID#: _____

Issued by: _____

Issued on: _____ / _____ / _____

Expires on: _____ / _____ / _____

Individual

Name:
(print)

Address:

Phone:
(or email)

Signature:

Witness

Name:
(print)

Address:

Phone:
(or email)

Signature:

Notary Public Logbook Entry # 319

Date & Time: _____ / _____ / _____ _____ : _____ am/pm

Place:

Fee: $ _____

Travel: _____

Service

☐ Jurat   ☐ Acknowledgment

☐ Certification   ☐ Oath/Affirmation

☐ Other _____

Document type: _____

Document date: _____ / _____ / _____

Identification

☐ Individual

☐ Credible Witness

Thumb Print

☐ Driver's License   ☐ Passport

☐ Known Personally   ☐ ID Card

☐ Other _____

ID#: _____

Issued by: _____

Issued on: _____ / _____ / _____

Expires on: _____ / _____ / _____

Individual

Name:
(print)

Address:

Phone:
(or email)

Signature:

Witness

Name:
(print)

Address:

Phone:
(or email)

Signature:

Notary Public Logbook Entry # 320

Date & Time: _____ / _____ / _____   _____ : _____ am/pm

Place: _____

Fee: $ _____

Travel: _____

Service

☐ Jurat   ☐ Acknowledgment

☐ Certification   ☐ Oath/Affirmation

☐ Other _____

Document type: _____

Document date: _____ / _____ / _____

Identification

☐ Individual

☐ Credible Witness

Thumb Print

☐ Driver's License   ☐ Passport

☐ Known Personally   ☐ ID Card

☐ Other _____

ID#: _____

Issued by: _____

Issued on: _____ / _____ / _____

Expires on: _____ / _____ / _____

Individual

Name:
(print)

Address:

Phone:
(or email)

Signature:

Witness

Name:
(print)

Address:

Phone:
(or email)

Signature:

Notary Public Logbook Entry # 321

Date & Time: _____ / _____ / _____   _____ : _____ am/pm

Place:

Fee: $ _____

Travel: _____

Service

- [ ] Jurat
- [ ] Acknowledgment
- [ ] Certification
- [ ] Oath/Affirmation
- [ ] Other _____

Document type: _____

Document date: _____ / _____ / _____

Identification

- [ ] Individual
- [ ] Credible Witness

Thumb Print

- [ ] Driver's License
- [ ] Passport
- [ ] Known Personally
- [ ] ID Card
- [ ] Other _____

ID#: _____

Issued by: _____

Issued on: _____ / _____ / _____

Expires on: _____ / _____ / _____

Individual

Name:
(print)

Address:

Phone:
(or email)

Signature:

Witness

Name:
(print)

Address:

Phone:
(or email)

Signature:

Notary Public Logbook Entry # 322

Date & Time: _____ / _____ / _____   _____ : _____ am/pm

Place:

Fee: $ _____

Travel: _____

Service

☐ Jurat   ☐ Acknowledgment

☐ Certification   ☐ Oath/Affirmation

☐ Other _____

Document type: _____

Document date: _____ / _____ / _____

Identification

☐ Individual   ☐ Driver's License   ☐ Passport

☐ Credible Witness   ☐ Known Personally   ☐ ID Card

Thumb Print   ☐ Other _____

ID#: _____

Issued by: _____

Issued on: _____ / _____ / _____

Expires on: _____ / _____ / _____

Individual

Name:
(print)

Address:

Phone:
(or email)

Signature:

Witness

Name:
(print)

Address:

Phone:
(or email)

Signature:

Notary Public Logbook Entry # 323

Date & Time: _____ / _____ / _____ _____ : _____ am/pm

Place:

Fee: $ _____

Travel: _____

Service

☐ Jurat ☐ Acknowledgment

☐ Certification ☐ Oath/Affirmation

☐ Other _____

Document type: _____

Document date: _____ / _____ / _____

Identification

☐ Individual ☐ Driver's License ☐ Passport

☐ Credible Witness ☐ Known Personally ☐ ID Card

Thumb Print

☐ Other _____

ID#: _____

Issued by: _____

Issued on: _____ / _____ / _____

Expires on: _____ / _____ / _____

Individual

Name:
(print)

Address:

Phone:
(or email)

Signature:

Witness

Name:
(print)

Address:

Phone:
(or email)

Signature:

Notary Public Logbook Entry # 324

Date & Time: _____ / _____ / _____   _____ : _____ am/pm

Place:

Fee: $ _____

Travel: _____

Service

- [ ] Jurat
- [ ] Certification
- [ ] Acknowledgment
- [ ] Oath/Affirmation
- [ ] Other _____

Document type: _____

Document date: _____ / _____ / _____

Identification

- [ ] Individual
- [ ] Credible Witness

Thumb Print

- [ ] Driver's License
- [ ] Known Personally
- [ ] Passport
- [ ] ID Card
- [ ] Other _____

ID#: _____

Issued by: _____

Issued on: _____ / _____ / _____

Expires on: _____ / _____ / _____

Individual

Name:
(print)

Address:

Phone:
(or email)

Signature:

Witness

Name:
(print)

Address:

Phone:
(or email)

Signature:

Notary Public Logbook Entry # 325

Date & Time: _____ / _____ / _____   _____ : _____ am/pm

Place:

Fee: $ _____

Travel: _____

Service

- [ ] Jurat
- [ ] Acknowledgment
- [ ] Certification
- [ ] Oath/Affirmation
- [ ] Other _____

Document type: _____

Document date: _____ / _____ / _____

Identification

- [ ] Individual
- [ ] Credible Witness

Thumb Print

- [ ] Driver's License
- [ ] Passport
- [ ] Known Personally
- [ ] ID Card
- [ ] Other _____

ID#: _____

Issued by: _____

Issued on: _____ / _____ / _____

Expires on: _____ / _____ / _____

Individual

Name:
(print)

Address:

Phone:
(or email)

Signature:

Witness

Name:
(print)

Address:

Phone:
(or email)

Signature:

Notary Public Logbook Entry # 326

Date & Time: _____ / _____ / _____   _____ : _____ am/pm

Place:

Fee: $ _____

Travel: _____

Service

- [ ] Jurat
- [ ] Certification
- [ ] Acknowledgment
- [ ] Oath/Affirmation
- [ ] Other _____

Document type: _____

Document date: _____ / _____ / _____

Identification

- [ ] Individual
- [ ] Credible Witness

Thumb Print

- [ ] Driver's License
- [ ] Known Personally
- [ ] Passport
- [ ] ID Card
- [ ] Other _____

ID#: _____

Issued by: _____

Issued on: _____ / _____ / _____

Expires on: _____ / _____ / _____

Individual

Name:
(print)

Address:

Phone:
(or email)

Signature:

Witness

Name:
(print)

Address:

Phone:
(or email)

Signature:

Notary Public Logbook Entry # 327

Date & Time: _____ / _____ / _____   _____ : _____ am/pm

Place:

Fee: $ _____

Travel: _____

Service

☐ Jurat   ☐ Acknowledgment

☐ Certification   ☐ Oath/Affirmation

☐ Other _____

Document type: _____

Document date: _____ / _____ / _____

Identification

☐ Individual

☐ Credible Witness

Thumb Print

☐ Driver's License   ☐ Passport

☐ Known Personally   ☐ ID Card

☐ Other _____

ID#: _____

Issued by: _____

Issued on: _____ / _____ / _____

Expires on: _____ / _____ / _____

Individual

Name:
(print)

Address:

Phone:
(or email)

Signature:

Witness

Name:
(print)

Address:

Phone:
(or email)

Signature:

Notary Public Logbook Entry # 328

Date & Time: _____ / _____ / _____   _____ : _____ am/pm

Place:

Fee: $ _____

Travel: _____

Service

☐ Jurat   ☐ Acknowledgment

☐ Certification   ☐ Oath/Affirmation

☐ Other _____

Document type: _____

Document date: _____ / _____ / _____

Identification

☐ Individual

☐ Credible Witness

Thumb Print

☐ Driver's License   ☐ Passport

☐ Known Personally   ☐ ID Card

☐ Other _____

ID#: _____

Issued by: _____

Issued on: _____ / _____ / _____

Expires on: _____ / _____ / _____

Individual

Name:
(print)

Address:

Phone:
(or email)

Signature:

Witness

Name:
(print)

Address:

Phone:
(or email)

Signature:

Notary Public Logbook Entry # 329

Date & Time: _____ / _____ / _____   _____ : _____ am/pm

Place:

Fee: $ _____

Travel: _____

Service

☐ Jurat   ☐ Acknowledgment

☐ Certification   ☐ Oath/Affirmation

☐ Other _____

Document type: _____

Document date: _____ / _____ / _____

Identification

☐ Individual

☐ Credible Witness

Thumb Print

☐ Driver's License   ☐ Passport

☐ Known Personally   ☐ ID Card

☐ Other _____

ID#: _____

Issued by: _____

Issued on: _____ / _____ / _____

Expires on: _____ / _____ / _____

Individual

Name:
(print)

Address:

Phone:
(or email)

Signature:

Witness

Name:
(print)

Address:

Phone:
(or email)

Signature:

Notary Public Logbook Entry # 330

Date & Time: _____ / _____ / _____ _____ : _____ am/pm

Place:

Fee: $ _____

Travel: _____

Service

- [ ] Jurat
- [ ] Certification
- [ ] Acknowledgment
- [ ] Oath/Affirmation
- [ ] Other _____

Document type: _____

Document date: _____ / _____ / _____

Identification

- [ ] Individual
- [ ] Credible Witness

- [ ] Driver's License
- [ ] Known Personally
- [ ] Passport
- [ ] ID Card

Thumb Print

- [ ] Other _____

ID#: _____

Issued by: _____

Issued on: _____ / _____ / _____

Expires on: _____ / _____ / _____

Individual

Name:
(print)

Address:

Phone:
(or email)

Signature:

Witness

Name:
(print)

Address:

Phone:
(or email)

Signature:

Notary Public Logbook Entry # 331

Date & Time: _____ / _____ / _____   _____ : _____ am/pm

Place:

Fee: $ _____

Travel: _____

Service

☐ Jurat   ☐ Acknowledgment
☐ Certification   ☐ Oath/Affirmation

☐ Other _____

Document type: _____

Document date: _____ / _____ / _____

Identification

☐ Individual   ☐ Driver's License   ☐ Passport
☐ Credible Witness   ☐ Known Personally   ☐ ID Card

Thumb Print

☐ Other _____

ID#: _____

Issued by: _____

Issued on: _____ / _____ / _____

Expires on: _____ / _____ / _____

Individual

Name:
(print)

Address:

Phone:
(or email)

Signature:

Witness

Name:
(print)

Address:

Phone:
(or email)

Signature:

Notary Public Logbook Entry # 332

Date & Time: _____ / _____ / _____   _____ : _____ am/pm

Place:

Fee: $ _____

Travel: _____

Service

- [ ] Jurat
- [ ] Certification
- [ ] Acknowledgment
- [ ] Oath/Affirmation
- [ ] Other _____

Document type: _____

Document date: _____ / _____ / _____

Identification

- [ ] Individual
- [ ] Credible Witness

Thumb Print

- [ ] Driver's License
- [ ] Known Personally
- [ ] Passport
- [ ] ID Card
- [ ] Other _____

ID#: _____

Issued by: _____

Issued on: _____ / _____ / _____

Expires on: _____ / _____ / _____

Individual

Name:
(print)

Address:

Phone:
(or email)

Signature:

Witness

Name:
(print)

Address:

Phone:
(or email)

Signature:

Notary Public Logbook Entry # 333

Date & Time: _____ / _____ / _____ _____ : _____ am/pm

Place:

Fee: $ _____

Travel: _____

Service

- [ ] Jurat
- [ ] Certification
- [ ] Acknowledgment
- [ ] Oath/Affirmation
- [ ] Other _____

Document type: _____

Document date: _____ / _____ / _____

Identification

- [ ] Individual
- [ ] Credible Witness

Thumb Print

- [ ] Driver's License
- [ ] Passport
- [ ] Known Personally
- [ ] ID Card
- [ ] Other _____

ID#: _____

Issued by: _____

Issued on: _____ / _____ / _____

Expires on: _____ / _____ / _____

Individual

Name:
(print)

Address:

Phone:
(or email)

Signature:

Witness

Name:
(print)

Address:

Phone:
(or email)

Signature:

Notary Public Logbook Entry # 334

Date & Time: _____ / _____ / _____   _____ : _____ am/pm

Place:

Fee: $ _____

Travel: _____

Service

☐ Jurat   ☐ Acknowledgment

☐ Certification ☐ Oath/Affirmation

☐ Other _____

Document type: _____

Document date: _____ / _____ / _____

Identification

☐ Individual   ☐ Driver's License ☐ Passport

☐ Credible Witness   ☐ Known Personally ☐ ID Card

Thumb Print

☐ Other _____

ID#: _____

Issued by: _____

Issued on: _____ / _____ / _____

Expires on: _____ / _____ / _____

Individual

Name:
(print)

Address:

Phone:
(or email)

Signature:

Witness

Name:
(print)

Address:

Phone:
(or email)

Signature:

Notary Public Logbook Entry # 335

Date & Time: _____ / _____ / _____ _____ : _____ am/pm

Place:

Fee: $ _____

Travel: _____

Service

☐ Jurat   ☐ Acknowledgment

☐ Certification   ☐ Oath/Affirmation

☐ Other _____

Document type: _____

Document date: _____ / _____ / _____

Identification

☐ Individual   ☐ Driver's License   ☐ Passport

☐ Credible Witness   ☐ Known Personally   ☐ ID Card

Thumb Print

☐ Other _____

ID#: _____

Issued by: _____

Issued on: _____ / _____ / _____

Expires on: _____ / _____ / _____

Individual

Name:
(print)

Address:

Phone:
(or email)

Signature:

Witness

Name:
(print)

Address:

Phone:
(or email)

Signature:

Notary Public Logbook Entry # 336

Date & Time: _____ / _____ / _____ _____ : _____ am/pm

Place:

Fee: $ _____

Travel: _____

Service

☐ Jurat   ☐ Acknowledgment

☐ Certification   ☐ Oath/Affirmation

☐ Other _____

Document type: _____

Document date: _____ / _____ / _____

Identification

☐ Individual   ☐ Driver's License   ☐ Passport

☐ Credible Witness   ☐ Known Personally   ☐ ID Card

Thumb Print

☐ Other _____

ID#: _____

Issued by: _____

Issued on: _____ / _____ / _____

Expires on: _____ / _____ / _____

Individual

Name:
(print)

Address:

Phone:
(or email)

Signature:

Witness

Name:
(print)

Address:

Phone:
(or email)

Signature:

Notary Public Logbook Entry # 337

Date & Time: _____ / _____ / _____   _____ : _____ am/pm

Place:

Fee: $ _____

Travel: _____

Service

☐ Jurat ☐ Acknowledgment

☐ Certification ☐ Oath/Affirmation

☐ Other _____

Document type: _____

Document date: _____ / _____ / _____

Identification

☐ Individual ☐ Driver's License ☐ Passport

☐ Credible Witness ☐ Known Personally ☐ ID Card

Thumb Print

☐ Other _____

ID#: _____

Issued by: _____

Issued on: _____ / _____ / _____

Expires on: _____ / _____ / _____

Individual

Name:
(print)

Address:

Phone:
(or email)

Signature:

Witness

Name:
(print)

Address:

Phone:
(or email)

Signature:

Notary Public Logbook Entry # 338

Date & Time: _____ / _____ / _____ _____ : _____ am/pm

Place:

Fee: $ _____

Travel: _____

Service

☐ Jurat ☐ Acknowledgment

☐ Certification ☐ Oath/Affirmation

☐ Other _____

Document type: _____

Document date: _____ / _____ / _____

Identification

☐ Individual

☐ Credible Witness

Thumb Print

☐ Driver's License ☐ Passport

☐ Known Personally ☐ ID Card

☐ Other _____

ID#: _____

Issued by: _____

Issued on: _____ / _____ / _____

Expires on: _____ / _____ / _____

Individual

Name:
(print)

Address:

Phone:
(or email)

Signature:

Witness

Name:
(print)

Address:

Phone:
(or email)

Signature:

Notary Public Logbook Entry # 339

Date & Time: _____ / _____ / _____   _____ : _____ am/pm

Place:

Fee: $ _____

Travel: _____

Individual

Name:
(print)

Address:

Phone:
(or email)

Signature:

Service

☐ Jurat   ☐ Acknowledgment

☐ Certification   ☐ Oath/Affirmation

☐ Other _____

Document type: _____

Document date: _____ / _____ / _____

Identification

☐ Individual

☐ Credible Witness

Thumb Print

☐ Driver's License   ☐ Passport

☐ Known Personally   ☐ ID Card

☐ Other _____

ID#: _____

Issued by: _____

Issued on: _____ / _____ / _____

Expires on: _____ / _____ / _____

Witness

Name:
(print)

Address:

Phone:
(or email)

Signature:

Notary Public Logbook Entry # 340

Date & Time: _____ / _____ / _____ _____ : _____ am/pm

Place:

Fee: $ _____

Travel: _____

Service

☐ Jurat   ☐ Acknowledgment

☐ Certification   ☐ Oath/Affirmation

☐ Other _____

Document type: _____

Document date: _____ / _____ / _____

Identification

☐ Individual   ☐ Driver's License   ☐ Passport

☐ Credible Witness   ☐ Known Personally   ☐ ID Card

Thumb Print

☐ Other _____

ID#: _____

Issued by: _____

Issued on: _____ / _____ / _____

Expires on: _____ / _____ / _____

Individual

Name:
(print)

Address:

Phone:
(or email)

Signature:

Witness

Name:
(print)

Address:

Phone:
(or email)

Signature:

Notary Public Logbook Entry # 341

Date & Time: _____ / _____ / _____ _____ : _____ am/pm

Place:

Fee: $ _____

Travel: _____

Service

☐ Jurat   ☐ Acknowledgment

☐ Certification   ☐ Oath/Affirmation

☐ Other _____

Document type: _____

Document date: _____ / _____ / _____

Identification

☐ Individual

☐ Credible Witness

Thumb Print

☐ Driver's License   ☐ Passport

☐ Known Personally   ☐ ID Card

☐ Other _____

ID#: _____

Issued by: _____

Issued on: _____ / _____ / _____

Expires on: _____ / _____ / _____

Individual

Name:
(print)

Address:

Phone:
(or email)

Signature:

Witness

Name:
(print)

Address:

Phone:
(or email)

Signature:

Notary Public Logbook Entry # 342

Date & Time: _____ / _____ / _____   _____ : _____ am/pm

Place:

Fee: $ _____

Travel: _____

Service

☐ Jurat   ☐ Acknowledgment

☐ Certification   ☐ Oath/Affirmation

☐ Other _____

Document type: _____

Document date: _____ / _____ / _____

Identification

☐ Individual   ☐ Driver's License   ☐ Passport

☐ Credible Witness   ☐ Known Personally   ☐ ID Card

Thumb Print   ☐ Other _____

ID#: _____

Issued by: _____

Issued on: _____ / _____ / _____

Expires on: _____ / _____ / _____

Individual

Name:
(print)

Address:

Phone:
(or email)

Signature:

Witness

Name:
(print)

Address:

Phone:
(or email)

Signature:

Notary Public Logbook Entry # 343

Date & Time: _____ / _____ / _____   _____ : _____ am/pm

Place:

Fee: $ _____

Travel: _____

Service

- ☐ Jurat
- ☐ Acknowledgment
- ☐ Certification
- ☐ Oath/Affirmation
- ☐ Other _____

Document type: _____

Document date: _____ / _____ / _____

Identification

- ☐ Individual
- ☐ Credible Witness

Thumb Print

- ☐ Driver's License
- ☐ Passport
- ☐ Known Personally
- ☐ ID Card
- ☐ Other _____

ID#: _____

Issued by: _____

Issued on: _____ / _____ / _____

Expires on: _____ / _____ / _____

Individual

Name:
(print)

Address:

Phone:
(or email)

Signature:

Witness

Name:
(print)

Address:

Phone:
(or email)

Signature:

Notary Public Logbook Entry # 344

Date & Time: _____ / _____ / _____   _____ : _____ am/pm

Place:

Fee: $ _____

Travel: _____

Service

- [ ] Jurat
- [ ] Certification
- [ ] Other _____
- [ ] Acknowledgment
- [ ] Oath/Affirmation

Document type: _____

Document date: _____ / _____ / _____

Identification

- [ ] Individual
- [ ] Credible Witness

Thumb Print

- [ ] Driver's License
- [ ] Known Personally
- [ ] Passport
- [ ] ID Card
- [ ] Other _____

ID#: _____

Issued by: _____

Issued on: _____ / _____ / _____

Expires on: _____ / _____ / _____

Individual

Name:
(print)

Address:

Phone:
(or email)

Signature:

Witness

Name:
(print)

Address:

Phone:
(or email)

Signature:

Notary Public Logbook Entry # 345

Date & Time: _____ / _____ / _____   _____ : _____ am/pm

Place: _____

Fee: $ _____

Travel: _____

Service

- [ ] Jurat
- [ ] Certification
- [ ] Acknowledgment
- [ ] Oath/Affirmation
- [ ] Other _____

Document type: _____

Document date: _____ / _____ / _____

Identification

- [ ] Individual
- [ ] Credible Witness

Thumb Print

- [ ] Driver's License
- [ ] Known Personally
- [ ] Passport
- [ ] ID Card
- [ ] Other _____

ID#: _____

Issued by: _____

Issued on: _____ / _____ / _____

Expires on: _____ / _____ / _____

Individual

Name: (print) _____

Address: _____

Phone: (or email) _____

Signature: _____

Witness

Name: (print) _____

Address: _____

Phone: (or email) _____

Signature: _____

Notary Public Logbook Entry # 346

Date & Time: _____ / _____ / _____   _____ : _____ am/pm

Place:

Fee: $ _____

Travel: _____

Service

☐ Jurat   ☐ Acknowledgment

☐ Certification ☐ Oath/Affirmation

☐ Other _____

Document type: _____

Document date: _____ / _____ / _____

Identification

☐ Individual   ☐ Driver's License   ☐ Passport

☐ Credible Witness   ☐ Known Personally   ☐ ID Card

Thumb Print

☐ Other _____

ID#: _____

Issued by: _____

Issued on: _____ / _____ / _____

Expires on: _____ / _____ / _____

Individual

Name:
(print)

Address:

Phone:
(or email)

Signature:

Witness

Name:
(print)

Address:

Phone:
(or email)

Signature:

Notary Public Logbook Entry # 347

Date & Time: _____ / _____ / _____ _____ : _____ am/pm

Place:

Fee: $ _____

Travel: _____

Service

☐ Jurat   ☐ Acknowledgment

☐ Certification   ☐ Oath/Affirmation

☐ Other _____

Document type: _____

Document date: _____ / _____ / _____

Identification

☐ Individual

☐ Credible Witness

Thumb Print

☐ Driver's License   ☐ Passport

☐ Known Personally   ☐ ID Card

☐ Other _____

ID#: _____

Issued by: _____

Issued on: _____ / _____ / _____

Expires on: _____ / _____ / _____

Individual

Name:
(print)

Address:

Phone:
(or email)

Signature:

Witness

Name:
(print)

Address:

Phone:
(or email)

Signature:

Notary Public Logbook Entry # 348

Date & Time: _____ / _____ / _____   _____ : _____ am/pm

Place: Fee: $ _____

                                                Travel: _____

Individual

Name:
(print)

Address:

Phone:
(or email)

Signature:

Service

☐ Jurat   ☐ Acknowledgment

☐ Certification   ☐ Oath/Affirmation

☐ Other _____

Document type: _____

Document date: _____ / _____ / _____

Identification

☐ Individual   ☐ Driver's License   ☐ Passport

☐ Credible Witness   ☐ Known Personally   ☐ ID Card

Thumb Print   ☐ Other _____

                      ID#: _____

                      Issued by: _____

                      Issued on: _____ / _____ / _____

                      Expires on: _____ / _____ / _____

Witness

Name:
(print)

Address:

Phone:
(or email)

Signature:

Notary Public Logbook Entry # 349

Date & Time: _____ / _____ / _____   _____ : _____ am/pm

Place:

Fee: $ _____

Travel: _____

Service

☐ Jurat   ☐ Acknowledgment

☐ Certification ☐ Oath/Affirmation

☐ Other _____

Document type: _____

Document date: _____ / _____ / _____

Identification

☐ Individual   ☐ Driver's License ☐ Passport

☐ Credible Witness ☐ Known Personally ☐ ID Card

Thumb Print

☐ Other _____

ID#: _____

Issued by: _____

Issued on: _____ / _____ / _____

Expires on: _____ / _____ / _____

Individual

Name:
(print)

Address:

Phone:
(or email)

Signature:

Witness

Name:
(print)

Address:

Phone:
(or email)

Signature:

Notary Public Logbook Entry # 350

Date & Time: _____ / _____ / _____ _____ : _____ am/pm

Place:

Fee: $ _____

Travel: _____

Service

☐ Jurat   ☐ Acknowledgment

☐ Certification   ☐ Oath/Affirmation

☐ Other _____

Document type: _____

Document date: _____ / _____ / _____

Identification

☐ Individual

☐ Credible Witness

☐ Driver's License   ☐ Passport

☐ Known Personally   ☐ ID Card

☐ Other _____

ID#: _____

Issued by: _____

Issued on: _____ / _____ / _____

Expires on: _____ / _____ / _____

Thumb Print

Individual

Name:
(print)

Address:

Phone:
(or email)

Signature:

Witness

Name:
(print)

Address:

Phone:
(or email)

Signature: